明公啟示錄

解密中華文明真相（三）

尋根中華文明之占卜之用

范明公——著

目錄

卷首緣起

　　尋根中華神性文字語言、上古經典至理之後，我們又重新找回了中華民族力量之源，「無神俱靈、敬天、法祖」三大信仰。有緣交流，我就會傳授大家真傳智慧，使有緣之讀者清醒、明白的做人、做事。因此，領悟了信仰的基礎「祭祀之禮、誠敬之心」，緊隨其後即帶領大家認識中華祖先智慧現實落地，學以致用之精髓。若不清楚中華文明、祖先智慧如何而來，因何偉大，又何以踐行？就如同樹不知其根、不識其種，只知枝葉，雖然顯於外的是枝葉，但是根和種子都深埋地下。

　　占卜，在中華上古遺留下來的古籍、遺蹟中占有最重要的分量，是上古流傳下來文明體系的重要根基。而占卜中華預測學，是掌握宇宙自然規律和自己命運的智慧方法，也是學習國學、文明體系起用的開始。

第一章

祭祀之心 占卜之術
古君子之學 孔聖人日用

第一節

占卜之術
國學文明之起用

　　華夏文明、中華祖先智慧，是神性文明、高維智慧、無神守道、經邦濟世，是一套完整的體系。我們首先要清楚中華的信仰，因為信仰是文化之本。而要學習國學，就要從經典開始解讀，但絕不僅是解讀文字，聽著言之有理，於現實之中卻無法應用；也絕不是滿口仁義道德，而不知如何落地。中華經典告訴我們，國學和華夏文明體系是從祭祀和占卜而來。因此，在講述占卜之前，我們首先再強調一遍，祭祀太重要了！平時我們就必須要懷有祭祀之心、誠敬之心，時時反省自己。

　　然而現在，每當說到占卜，一定有人說：「老師，占卜不是迷信嗎？和國學有什麼關係？經典裡哪有占卜啊？」不懂真正的中華文化，就會提出這種疑問。還是受著五四新文化運動影響，以為國學就應該是「道德仁義禮智信」，讓大家做好事；經典就是「之乎者也」，會背經典就顯得有文化；經典呈現的是哲學和思想，懂經典就是

瞭解哲學體系、有思想高度。這麼理解就錯了！中華經典裡是有最高境界的哲學，但是記住，中華老祖宗絕不會僅僅教後世哲學思想，不會只講形而上的、虛的東西，中華祖先智慧是最落地的，一定是學以致用的，沒用的東西絕不會放在經典裡。上古經典字字珠璣、句句至理，指導人們的行動方向，而不是只告訴人們一套空泛的理論。

中華最早期的文字，到現在為止發現最成型、最成體系的古文字，就是商朝的甲骨文，是刻在龜背或動物骨骼上的文字。發掘出來的十五萬片商朝甲骨裡，記載的基本是兩大重要內容，第一是祭祀的各種禮規、儀式、儀軌；第二就是占卜，大量的甲骨文全是卜辭。其中，占卜的卜辭比禮規更多。

這意味著，根據甲骨文留下來的記載顯示，在商以前或商朝時候，事事都要占卜，占卜又叫問天。不管大事小事都去占卜，對卜辭也非常重視，要把字刻在龜殼上留存紀錄。龜殼很硬，刻上去很難，但刻上就可以長久保存；把那麼多卜辭刻在龜殼、獸骨上，就是為了保存，以備驗證，留存千古。然而為什麼不記錄生活和其他的內容呢？為什麼只記錄祭祀的儀式和占卜的卜辭呢？

要研究國學，對商朝的甲骨文研究，基本就是根。夏

商周三聖時代，是真正神授文明體系統治中華的時代，是神和人的統治相交叉的時代，既有神性文明特徵，又有人的時代特性，要尋找上古文明體系，就得從夏商周去找。夏商逐漸落地，周朝就形成了一套完整的、人神結合的文明體系。

孔子在周朝末年一再強調要復周初之禮，因為周朝末年，周初的禮制已經運行了五、六百年，開始人心不古、社會動盪了，所以孔子提出復周初之禮。周初之禮即是夏商之禮。商是怎麼亡的？有個典故說，因為商紂王得罪了女媧。商紂王有一次郊外祭祀之後天降大雨，路過女媧廟進去躲雨，商紂王看到女媧像真是美麗非凡，就動了邪心，也就沒有了恭敬、誠敬之心，妄想將女媧收入後宮，褻瀆了女媧像。女媧有靈得知此事，便派了九尾狐附體蘇妲己，誘惑商紂王。因此，正是由於商紂王不敬天神，沒有敬畏之心，不懂祭祀之禮，導致商朝過早敗亡，而商紂王自己也死得很慘。商紂王很聰明、能力很強，但覺得自己比神還高明，覺得神也在他的統治範圍內，就是把人居於神之上，這樣的人歷史上都沒有好下場，多是暴亡，子孫也跟著不幸。

所以，不要做所謂的聰明人，覺得自己能戰天鬥地，

覺得自己比天神厲害，比山川大地、日月星辰都厲害。想攔截河流就攔截河流，想讓山川移位就讓山川移位，這樣不僅你沒有好下場，還要記住這句話：「始作俑者其無後乎」，全都會報應在子孫身上。

祖先亙古不變的理和規律不能改變，對上天、對上古之神一定要敬畏。人太渺小了，在山川大地面前，人就是螻蟻般的小寄生蟲。我們必須符合天道地規，按照規律去做事，盡量與自然和諧共生，不要輕易去改變山川大地、改變思想觀念、改變上古體制。不要因為自己覺得自己聰明，就上不敬天、下不畏地，結果全都報應在自己和子孫身上。歷史上這種例子非常的多，這些自以為是的聰明人，最後自己和子孫都很慘。

何為占卜？我們要知道，學習國學，學習這套華夏文明體系，真正起用就是從占卜起用。有人疑問，在國學系列前面的書中，不是曾經說過學習國學要從語言、文字、文言文、經典學起嗎？理學通了，知道大道至理之後再指導現實生活，這種理解是錯的，大道至理指導不了現實生活，不要簡單以為學經典把理學通，做人做事就能做明白了，其實「理」和「用」完全是兩回事。很多人天天看經典、背經典，經典的語錄張口即來、滔滔不絕，但是在現實生

活中卻應用不了。接到一個新投資項目，只知道一堆道理有什麼用呢？項目如何源起、與什麼人合作、怎麼發展、中間會碰到什麼，結局會是什麼，你知道嗎？只知道一堆理是沒有用的，無法實際指導項目投資，仍得靠邏輯分析，最後拍腦袋決策。

《黃帝內經》倒背如流能如何？《易經》就算一字不差的背下來了又能怎麼樣？你就會做事了，會做人了嗎？不是的。上古之神傳給我們這套體系，就是告訴我們怎麼做人做事，才能符合宇宙運行規律、符合人心人性；並不是只懂得規律道理，就會做人做事了，這完全是兩個概念。有人問：「我情感有波折，總碰不到中意的，還有各種不幸，我是不是從經典中知道了大道至理，每天反思自己，在情感上我就能說服自己、改變自己，就能幸福？」理是這個理，但這僅是普遍之理，發生一件具體事情的時候，是不能把泛泛的普遍之理直接拿來用的，而且這樣也是沒有用的。大家要好好理解這一段話的意思。

學習國學、學習這套智慧體系，就是為了把人做好、把事做好，把這套體系傳承下去，這就是聖人的三不朽：立德、立功、立言。要學以致用，要實現把每件事都做到位，所以祖先才留了那麼多的經典。你僅僅學了普遍性的

道理還不行，還差了一個環節，無論是普遍性，還是特殊性和個別性，都不能直接用。不能把普遍性的泛泛之理用來指導現實中發生的每一件具體事情，那沒有用，也沒有意義。如果真的這樣用了，你就是那種滔滔不絕、只會空談道理的人。這樣的人講道理時頭頭是道，一旦到具體做事的時候，根本不會用，解決不了個性化的問題。如果這樣的人帶兵打仗可就慘了，這就叫紙上談兵。

普遍性的理和特殊性的事之間有一個中間環節，那就叫「術」。普遍性的理是道，現實中是落地的事，用道去解決現實當下的事時，關鍵的中間環節就是術。道是天道之規律，地是要做的事，中間的環節就是人。天地人三才，只有三才聚合了，才有可能把天和地整合起來，人事才能通，這一定要清楚。中間環節怎麼通天地？怎麼把普遍的理和現實中特殊的事聯繫起來，這個居於中間的術，就是占卜之術。

中華祖先非常重視占卜之術。占卜究竟是什麼意思？占是透過一些手段，比如甲骨占卜用龜殼，把龜殼用火烤裂看裂紋，通過紋得出數，藉著得出的數就能得到卜辭，也稱為卦辭。透過卜辭能知道所問之事的吉凶、過程和結果，這就是占卜。簡單講就是預測，即預測一件事的發生、

發展以及結果。商朝的甲骨文，大部分都是卜辭，那商朝以後還用不用占卜？當然用。記住一點，中華所有歷朝歷代，尤其從皇家來講，任何大事小情一定要經過占卜。有人懷疑，皇家還需要任何事都占卜、問天嗎？那不是迷信嗎？事實上是因為你不懂，所以感覺是迷信。你可能還認為孔子與後來的大儒們，都是正大光明、浩然正氣，做事符合天地之規律，絕不可能占卜，搞迷信活動！如果你真的有這種想法，那你就真的是什麼也不懂！

占卜即預測之術，這是中華民族神性文明獨有的智慧，其他的國家、民族和文明都沒有。西方他們有《啟示錄》，也有預言，但《聖經啟示錄》就是西方在兩千年前對後世世界所做出的預言。西方有幾大預言家，比如最著名的就是諾查丹瑪斯（Nostradamus）預言 1999 年人類大災難，恐怖大王自天而降，帶領黃種人再次翻越克什米爾高原，亞洲的黃禍再次洗劫、屠殺歐洲大陸，但他並沒有預言準確。

西方的預言和中華的占卜有什麼不同？西方預言是直接告訴你結果，例如大概什麼時候發生了什麼事，但是結果都說得模稜兩可，基本看不明白，更像是瞎猜。而且大多是事後諸葛亮，事情發生後人們才明白，原來他的預言

說的是這麼回事。有些巫師、女巫用水晶球預測，直接說出預測結果，但結果是怎麼得出來的？他們並不知道，完全只是憑感覺。

與之相對比，首先中華的占卜不是必須由具備特殊功能的所謂神人去做，而西方預測一定是神人才能做。中華的占卜是上古傳下來的一整套規律性的智慧，誰掌握這套規律，誰就能預測事物的發展方向及結果，非常準確。這就是中華的占卜與西方預測的最大不同之處。

學習國學傳統文化，該從哪裡落地踐行？要實踐檢驗國學智慧到底學得如何，就是從占卜開始。學國學，學這套文明智慧的每一個人，都必須得從占卜開始學習起用。而且要從占卜是否準確，來檢驗你學習的程度如何。

在此告訴各位，歷史上鼎鼎大名的大儒們，個個都是占卜的高手。不會占卜，就無法證明你真正掌握著規律。學習這些規律與道理，並非用來滔滔不絕、吟詩做賦，也不是為了說起話來知乎者也，顯示有文化。學國學是為了真正起用，學這套智慧是為了經邦濟世，得真的能用來做事才有意義。

現在還有沒有掌握這套智慧體系的人呢？這種人是不

是學霸，數學、英語、物理、化學等學得好，就能當好官、就能輔佐帝王？《論語》中對這種人有句耳熟能詳的描述是「學而優則仕」。然而現代人的「學而優」和古人的「學而優」可不一樣，現在考高分的，就算考上了清華北大，學的也都是自然科學，對宇宙自然規律、對人心人性的把握，都差得太遠了。然而不懂這些，怎麼能輔佐帝王呢？古人的「仕」是指能直接輔佐帝王的大臣。例如新冠肺炎疫情、中美貿易戰等各種情勢緊張，你如果是帝王身邊的顧問，是從哈佛、劍橋畢業回來的博士，你認為中美貿易戰會是什麼結果呢？後面會發生什麼呢？真正的起因到底是內因還是外因？怎麼破解局面，如何四兩撥千斤的化解，既不兩敗俱傷，又能順勢借力？僅憑在學校學的數學、物理、化學、英語，你覺得能有用嗎？

古人的學習，我們看看他們在學什麼！正體字「學習」二字被簡化了，「學習」的「學」，在家的孩子上面變成三個點了。漢字正體字是表音、表意、表象的文字，而正體字的「學」，上面左右是兩隻手，中間是爻，爻是八卦之爻，即卦爻，然後寶蓋下面一個子；「學」的本義是在家的孩子雙手在把玩卦爻、研究八卦，這才是真學問！「習」字則是上面一個羽字，下面一個白字，這個字的意

義，是小鳥在試圖練習飛翔。結果現在簡體字的「学」，把「學」上面雙手把玩卦爻去掉了，變成三個點。三個點代表什麼？一個點是遊戲，一個點是抖音，還有一個點是微信嗎！現在的孩子在家無所事事，不知道學什麼，只能玩遊戲、看抖音了。而古人在「學」明白卦爻之後，則進入「習」即是實踐階段，小鳥努力揮動一雙翅膀試著練習飛翔，下面的白就代表很努力不停練習的小鳥。但簡體字的「习」變成一半羽毛，翅膀只剩一隻了，下面的小鳥也不見了。簡體字缺德啊！

　　為什麼講「學習」這兩個字呢？這兩個正體字告訴我們，到底要學什麼，以及如何學習，甚至學習的過程。從「學」字就能知道，真正要學的是卦爻、卦象，即要學《易》、八卦、六十四卦；「習」則是指在現實中不斷的實踐、相合，這才是學習的本意。其本意也是為了孩子長大以後直接就能做事，且對做人做事都有直接的指導意義，是具體的實用指導，而不是理論上的講述。

　　真正要學這套智慧，就得從小學習卦爻、卦象、卦意、六十四卦的規律，這才是當今中國人必須掌握的。而一個「學」字本身就告訴我們了。《易經》是萬經之首，不管是佛經、道經，不管是儒家、法家、墨家的經典，都是以

《易經》為首。所有的大道之理，所有的規律，所有的定律，全都在《易經》中揭示。而《易經》裡面的卦辭、爻辭，即是所謂的卜辭，都是占卜用的詞語。

千萬不要把《易經》當成哲學著作去看，但是由於現在沒人能看懂，只好將它當成哲學，一句句的解釋其哲學思想是什麼，就都變成了義理考據派，不知道怎麼用了，這是最大的悲哀。《易經》是拿來用的，所有的經典，是否符合事物發展規律、是否符合天道，是必須得有驗證的。從哪方面驗證？這部經典揭示的宇宙規律，是不是自然發展規律，是不是正道真理？只有透過用這部經典教我們的智慧，落地到實處的每一件事上，去驗證做事的結果是否與經典相合，驗證這部經典裡面承載的、包含的是不是宇宙事物發展的規律。

第二節

孔聖人最安心最喜歡的事——
占卜

　　《易經》只有中華有，國外可沒有這類經典。西方的
《聖經》、《古蘭經》，都不是教規律、系統、落地實用
的東西。只有中華的《易經》，是世界上唯一的一部占卜
之書。《易經》不是闡述思想與規律，不是為了讓你學哲學；
而是讓你掌握規律，直接對現實生活中的每一件事，不論
大事小事，都發揮指導作用。學透了《易經》，就是睜著
眼睛走路；如果沒學透，就如同閉著眼睛走路，是瞎子亂
闖。學好了《易經》，如同過河的人知道橋在哪個方向，
上橋就過河了；而不懂《易經》，就像過河不知道有橋的
存在，只能摸著石頭過河，發生意外、甚至淹死的機率太
大了。

　　人生是一條長河，你天天摸著石頭過河，到目前可能
走到了河中間，都一直挺順利，可是由於不知道規律，也
許下一步就一腳踏空，陷入深淵。多少人都是前半生順利
得很，後半生不知道為什麼就突然時運不濟越來越慘。前

面怎麼順的不知道，後來怎麼慘的也不知道，這就是閉著眼睛，瞎子過河。而現代人，哪個不是瞎子過河？卻認為自己是睜著眼睛過河的。

有人說：「我想考好大學就能考上，想找個好老公就找到了，想要個好孩子就有了。」如此看來你是心想事成了，但實際上真的是你只要想，就都能實現、做到嗎？如果現在你三、四十歲，那再往後看你的人生是否有高峰有低谷，能否保證有高峰沒低谷？你能否預測自己未來的一生肯定順風順水，還是總會有力不從心的時候？

事實上，當你不知道這些規律的時候，你就是瞎子，就是凡人，就是迷人。你的成功也許只是暫時的，例如中國改革開放四十年，曾經的首富們有幾個還能保持富有？又有多少當官的能平穩一生，一開始反腐，上百萬官員都被調查。曾經富貴又能如何，看似成為了首富、做到了省長，哪怕做了政治局常委又如何，仍然是閉著眼睛瞎幹，運氣好走得遠一點，但最後都是跌下去。

怎麼保證往前走，能越走越順利，不跌入坑裡呢？有人回答說：「這誰也不能保證啊。」這就是問題所在。要結婚了，誰能保證自己嫁的老公，就一定一生愛你一個人，以後不會愛上別人？其實你什麼都保證不了。那你這一生

學習什麼了？什麼都保證不了，學習有什麼意義呢？現代人天天刻苦拚命的學習，但學的都是自然科學專業知識，學的可不是人生智慧。

中華古人講「教化」，即有教有化。然而，教什麼、化什麼，並不簡單。古人那一整套教化之道，教的是真正的人生智慧，自然科學僅僅占一小部分。中國現代的學生，最好的學習時間都用在了自然科學學習上，而古人七到十八歲時，教化之道中，自然科學只占一小部分，大部分學習的都是人生的智慧、宇宙的真理、宇宙的規律。

那麼，至聖先師孔子每天在做什麼事呢？孔子占不占卜呢？可以想像，孔子每天肯定不玩抖音、不看微信、不打遊戲，不止因為那時候沒有，即使有孔子也不會去沾那些東西。那孔子不玩嗎？他玩什麼？有人說孔子肯定是天天讀書。可不是的！孔子平時每天做什麼，他自己在經典裡都寫明了，看一下孔子在他的《周易·繫辭傳》裡親自寫的原話：

「是故君子所居而安者，易之序也；所樂而玩者，爻之辭也。是故君子居則觀其象而玩其辭，動則觀其變而玩其占，是以自天佑之，吉無不利。」

解讀一下這段話，君子就是指孔子自己，他安居在一個地方，每天在做的事，就是「易之序也」。序是序列、是規律、是定理，《易經》中講八卦相疊成六十四卦，八卦也有其序列和順序，其中學問很大。宇宙自然的形成、發展和終結的規律，都在八卦以及六十四卦裡有所展現，而這正是我們要學習的。八卦的來處是，無極生太極，太極生兩儀，兩儀生四象，四象生八卦，八卦定吉凶。其中，兩儀即陰陽。而八卦相疊又成六十四卦。宇宙從誕生、發展，到萬事萬物成形，其成住敗空都有固有的定律和規則。當你掌握定律和規則的時候，就能知道宇宙萬事萬物，包括人，從出生、發展，一直到死亡，是有規律的，這套規律全在《易經》八卦裡。

如果懂八卦，看一個人的時候，從他呱呱落地時就能把他的一生算出來。歷史上，民間懂八卦的人很多，只是掌握得透不透徹有差別。掌握透徹的，算得就精準；掌握不透徹的，就時靈時不靈。事物、情感也有規律性，都不能用泛泛的、普遍性的理去評價。每個人都有個性，如果掌握八卦這套序列規律，就知道一個人的情感如何走勢，未來是什麼結果，都能看出來。華夏文明不講究誰是神仙，而講究人人皆有佛性，本性俱足。誰能學到這套東西，誰能掌握這套智慧規律，誰就能用。

聖人每天做什麼事呢？「是故君子所居而安者，易之序也，」孔子閒居的時候，就是研究《易經》所揭示的定理定律。「所樂而玩者，爻之辭也」，他非常感興趣的，特別喜歡鑽研的是「爻之辭」。爻是變，卦是有起始、有變化的，根據規律在變。比如投資一個項目，剛開始源起是好的，但是中間可能有陷阱、有障礙，這就是變，最終結果在什麼情況下是好的，什麼情況下結果是不好的。卦象，即爻的體現是用象來體現，能把一個項目、一件事、一段情感，從開始發生到中間過程，一直到結果，透過卦象呈現出來。聖人平時就在研究卦象、易之序，研究爻變、爻之象，這就是「學」，學字就是這麼來的，這才是真正的大智慧。

這個大智慧超越了現在所謂的自然科學。自然科學不是智慧，學得再精深，學到博士、甚至博士後，那也是知識，知識都是技能。現在全世界的孩子，都在用人生最青春的黃金階段學習某項技能，根本和人生大智慧、宇宙規律相去甚遠。其實都是在浪費時間，所學的自然知識並不真正需要，但卻從七歲一直學到了二十二歲，甚至更長，所以現在的年輕人到了二十幾歲，步入社會卻什麼都不懂。而漢唐時期的古人學的東西可是完全不一樣，十八歲以後，直接就出去建功立業了，就能管理民眾、指揮軍隊了。

「是故君子居則觀其象而玩其辭，」孔子在家沒事就「觀其象」，即觀卦之象。卦的含意、意義，是以象的形式呈現。「玩其辭」就是指象的意義在卦辭中的呈現，而孔聖人天天在家，就在研究卦象呈現的意義。這個「象」字，就是國學的根本所在，「象」字不明白，中華的文化經典就什麼都不知道，你即使學一輩子國學也不得其門而入，也還是門外漢。學中醫對「象」字不理解、不會用，學一輩子中醫也是中醫的門外漢，根本無法得其門而入。還有一個「類」字，「象」和「類」兩個字是國學和中華文明的鑰匙，這兩個字理解不清楚，就不要再學國學了，天天背經典也沒用，也肯定用不了。

「動則觀其變而玩其占。」「動」，指聖人想要做事，而孔子做事之前一定先擺上卦；卦有卦象，爻有爻變，透過卦象來觀爻之變，再根據爻變來研究事物發展的規律及結果；「占」是結果，「玩」是研究，「玩其占」即深究其結果。是以「自天佑之，吉無不利」，所以孔聖人在做任何事情的時候，好像都會得到上天的護佑，做什麼事都能隨心所欲，達到自己想要的結局。

這段話是孔子在《繫辭傳》中親自寫的。孔聖人每天在做什麼事情呢？之前我們知道他在收集整理上古神人留

下的智慧體系，很多儒學經典即是由此編著而成。然而從這段話中可知，孔聖人從他整理的智慧體系中，不僅僅學習上古文明的理，同時他還每天都在研究怎麼用。孔子的儒學十三經，我們要知道是什麼，其實本質就是孔子不斷運用上古之神留下的文明體系，在規律的指導下不斷實踐運用了一輩子。過程中，他把這些感悟、應用方法，對具體人事物的落地之法，人倫道德的應用之法等……分門別類著成儒學十三經，用來指導後世子孫如何應用上古神人教授的這套體系。

其實踐運用是如何體現的？不是講道理，也不是做思想教育，因為教給後世的不是哲學也不是思想，而是經邦濟世之學。那麼，經邦濟世之學應該從哪裡起修？就是從占卜起修，從占卜起用。大家不要小看了占卜，也不要覺得占卜是迷信，更不要覺得占卜是糟粕，與算卦、算命一樣都是胡扯、是江湖術士騙人的技倆。事實上，歷史上所有高僧大德、儒學大師、大智慧者，無不精通占卜。然而，如今世上所謂的高人們，又有誰能精通占卜呢？

現在網上有好多算命、看八字的網站、軟體，都自稱所謂紫薇斗數、奇門遁甲等，有多少真懂預測的？有沒有真能理解何謂易之序的？能否解釋「觀其象而玩其辭，觀

其變而玩其占」，如果連「象」都解釋不了，只會拿著古書，把生辰八字輸入電腦計算一下，以為別人一生的命運就這樣算出來了，那可想得太簡單了！當成數學公式去運算，占卜豈是如此簡單兒戲的！

占卜之學是真正的學問。占卜之學有四個字可以直接看出你通與不通，即「取象比類」，不論中醫、風水，還是算命、布陣，如果這四個字你不懂，再準再神，也只是江湖術士、大仙兒，絕不是大師。沒有理論體系，沒有道，是絕對不可以的；只有術，沒有道，即所謂「術不入道」，結果會很慘的，看似很準但理不通，最後貽害的是其本人和他的子孫。

在此先起個頭，講一下占卜的重要性。占卜，在國學與華夏文明體系中非常重要，是整個文明體系的基礎，是驗證是否學好、習得這套文明體系的標準。不通占卜，遇事只會講理，那麼國學文明就根本沒學到精髓，依然是國學的門外漢。下一章繼續談一談為什麼《易經》可以用來占卜。

第二章

占卜——神性智慧所現
實用神奇所在

第一節

上古智慧立體天人合一
四維上下《易經》承上啟下

　　占卜究竟是什麼學問？占卜的原理是什麼？占卜到底是不是迷信？帶著這三個問題，我們再來感受聖人孔子的日常生活。《周易‧繫辭傳》中記載，孔夫子閒居無事的時候，「居則觀其象而玩其辭」，因此聖人也占卜，而且是在家沒事就占卜。

　　本章繼續講解占卜的原理，以及占卜的方法。占卜是有具體方法的，在此給大家解讀展示的方法，也都是經典教給我們的，即是從萬經之首的《易經》中來。占卜的源頭，源自於上古的神性文明。中華的占卜學和西方的預測學概念完全不同。中華占卜學是一整套體系，不僅掌握宇宙自然規律，而且會用這套規律。學習國學、華夏文明的人是否掌握了這套規律，就是透過占卜來驗證的。

　　少有國學老師會講這些，也基本沒有人真正理解，甚至基本無人知道占卜的真正含意。而且多數國學老師和傳統文化教授，一提占卜也說是迷信。由此可見多數人真的

不知道華夏文明的精髓。可以說，五四新文化運動和文化大革命所打倒的，基本都是華夏文明的精髓，反而留給中國人，而且已經深入人心的卻都是糟粕。實在可悲，十分可嘆！

國學的學習，難道不應該是在聖人經典中學習宇宙自然規律，在現實中運用宇宙自然規律，對生活與工作發揮積極指導的意義和作用嗎？這是學習國學的目的和目標，但是在此我要強調，真正學習國學，不僅要知道學什麼，同時更要知道怎麼學。中華祖先的智慧，不是僅在理論上、在邏輯思維上給你提供知識，這和西方教育完全不一樣。西方自然科學都得按邏輯去學，是按照因果論為基礎展開的，得從「1、2、3、4、5」開始循序漸進的學，按時間去累積，把學識累積到十、百、千、萬，累積得越多，在某一領域的學識就越高。比如從小學讀起，經過初中、高中，上了大學，就可以指導中學、小學的學生了，學到博士就是最高了，在其領域中就能指導任何學生了。

東方的智慧體系學習可不是這樣，中華上古之神所傳的這套思維模式並非線性的邏輯思維模式，而是立體的思維模式，是形象思維。當它落地呈現的時候，不管是文字、語言、還是文言文體系，以及祖先傳下來的各種智慧，包

括醫學、兵法、管理學、帝王學，不管是什麼，只要是從上古文明體系的根一脈傳下來的，那就是立體的思維模式、方方面面都是立體的。

西方邏輯思維建立在因果論的基礎上，它是線性的，有因必有果，必從因起，到果終。因是一個點，果是一個點，從因到果，不管是一條直線、曲線，或是拋物線，一定有個起點、有個終點，這是按邏輯來的因果論。而中華祖先智慧不是這樣，是無始無終的，沒有過去、現在和未來，不依此而畫分，時間空間的運作概念和西方邏輯思維完全不一樣。所以，我們讀經、學經、學習老祖宗的大智慧，不能按西方那套方式來學。學中醫更是如此，不能「中為西用」，只學了中醫的形式但實際是西醫的邏輯，不可以把中醫學得西醫化了。那樣根本學不了老祖宗的智慧。

但是，現代中國已經全面西化了，教育西方化、醫學西方化，各方面都是西方化，人們從小受的教育也都西方化，中華祖先的東西基本沒有了。西方化有什麼問題呢？中華民族本來是源起於東方的形象思維模式，卻去學西方的邏輯思維模式，其實根本學不好、學不會，結果把自己原本的那套東西丟了，西方的又撿不起來。現在中國的境況難就難在於此，這是一個瓶頸，搞得東不東、西不西、

土不土、洋不洋。

東方沒有西方的那種精密、精準的邏輯化思維，我們學不到那麼極致。東方人說話做事，甚至實驗研究，基本都是「也許、可能、大概、差不多」，這是東方人、中國人經常說的話。西方人受不了這些，西方人做事嚴格照章、可丁可卯，尤其日本人、德國人，做事之嚴謹世界聞名。跟他們相比，在做事的嚴謹精準方面，確實是中國人的弱項，中華確有不如人處。中華一直以來都是模糊概念、差不多就行，所以不斷培養自己精準、邏輯的思維模式。結果，現在中國人不知道怎麼做是對的了。

比如中國的中醫現狀，中醫學院畢業的大學生，畢業以後根本看不了病。都感覺中醫學起來很難，幾年下來，不知道自己學的是什麼，針灸也扎不好，開藥就是套用老祖宗的經方、偏方。為什麼現代中醫學院學生做不了中醫？因為中醫的現代教育其實並不是在教中醫，而是用西醫的方式教，中醫不能如此學，完全把中醫學得西醫化了。中醫居然分科，分出了婦科、外科、內科、骨傷科……很可笑！中醫最強調整體治療，本身就是整體醫學，講究一醫治百病，豈能分科。古代中醫何曾有過分科，都是一個大夫坐堂，或者是行腳的遊醫，什麼病都能治。西醫是分門

別類的，而且越分科越細，但中醫絕不可以如此分科。真正的中醫就是一根銀針走天下，或者一位中醫幾味藥，頭疼、胃疼、腿疼，皮膚病、心臟病、精神病，寒症、熱症、濕症，皆能手到病除。一旦分成各科，到底是中醫還是西醫，就不倫不類了！

西醫分科有其好處，但也有問題。西醫治療的本就是病症本身，哪兒有病、有症狀，就盯著哪兒。皮膚科專治皮膚病，胃痛必須到消化科，專科醫生不懂別科的病，而且一種病還要再藉由化驗，以不同的感染菌源繼續分類，越分越細。西醫的優勢是指向性強、針對性強，治療某一病症，只要找到方法，對症下藥，直接就將症狀治好。

而中醫講究的是追本溯源。例如牛皮癬皮膚病，看似是在皮膚上，但是中醫不會只針對這個部位、這個症狀對治。在皮膚上抹藥把牛皮癬去掉，那不是真正的中醫。真正的中醫，講究的是這塊牛皮癬僅僅是表現在皮膚上、呈現在外的一種狀態，這是病症，但病症是有內涵的、有深刻意義的；病症僅僅是「表」，但也必然代表「裡」，也許是由於肺濕熱，肺出現了問題，才在皮膚上有所呈現。

這就像汽車故障警告燈，皮膚就是儀表板，痛、癢等病症就是儀表板上的警告燈，牛皮癬的燈亮了，其實真正

代表的是身體裡的肺有問題了。根據中醫表裡、陰陽的辨證關係，肺主皮毛，肺有問題基本上會體現在皮毛之上，中醫看到牛皮癬，就知道肺有問題了。因此不會針對皮膚上的牛皮癬治療，也就是不要去針對警告燈做什麼工作，而是清肺，把肺的濕熱化解、調理好，皮膚上的牛皮癬警告燈自然就熄滅了。這就是中醫，中醫是整體性的，不能如西醫一般分門別類、分內科外科。現代醫學認為牛皮癬是皮膚病，西醫一看就分屬外科，但實際上是表現、警示五臟六腑的問題，如此一說又像內科，所以中醫無法進行西醫式的分科。

中華民族現在已經陷入瓶頸狀態，中國人特別迷茫，老祖宗的東西已經扔得差不多了，學西方又學不好、學不到位，不知道方向，不知道下一步如何走。這方面中國真的不如日本，日本把從中華大唐所學保存完好，同時又努力的學習現代西方的優勢。例如，日本的祭祀儀式、日本的各種禮儀都是從大唐學習的，現在都依然很好的保存著；韓國在這方面做得也比中國好，韓國主要學習宋朝文化，把大宋的禮儀規矩學得很好，同時受現代西方優勢的影響，並將雙方優點盡量結合，而不是拋棄一方。而中國卻拋棄了祖宗智慧，真的特別可悲！

1905 年清末廢除科舉，1912 年蔡元培取締尊孔讀經，從那時開始，就意味著中國人把老祖宗的智慧拋棄了，一步一步到文化大革命時，完全徹底的拋棄了。然後徹底調頭向西，開始時學蘇聯，蘇聯沒落就改為學歐美，但是又不公開學，以超英趕美為藉口，並自稱為「中國特色的社會主義」，所以現如今中國一直處在衝突當中，其中包含著古今的衝突、中外的衝突，使得中華民族一百多年來多災多難。其實根源上，一切皆是「心」的呈現，外界的一切人事物，都是心的呈現。

　　個人的「心」呈現出來的是針對個人的環境，集體又有集體潛意識、集體的共業、共同的文化的衝突、整體思維模式的衝突、整體觀與因果論的衝突、有神論與無神論的衝突、唯物主義與唯心主義的衝突、進化論與神的創世論的衝突……十幾億人天天衝突、沒有方向。衝突即是內心中不斷碰撞，十幾億人的內心天天碰撞，人心不安、人心不穩、人心不定，這種狀態之下，能不引起自然和社會的災禍嗎？為什麼起霧霾，人心迷茫即起霧，人心惡毒形成黑粒子，霧霾其實就是心之黑霧；如果衝突再加劇、力量更大了，就發生地震以及各種怪風暴雨。歷史都是如此，這就是整體性，就是人和自然的天人合一，人心和外界的

環境是相應的。

　　歷史上，任何的大災難前都有徵兆、凶兆，任何盛世之前都有吉兆。天都會給予預警、預示，因為天地人相連、相和、相融，是不可分割的。例如新冠肺炎大瘟疫，天象有沒有徵兆呢？2018 年 1 月的超級藍月月全食，超大的血月又同時出現藍月和月全食，是千載難逢的天象奇觀，通紅巨大的圓月如血，在中國和太平洋上空逐漸消失又出現；2019 年 12 月出現一次日環食，2020 年 6 月又出現一次日環食。日環食在中國歷史上又叫天狗吞日，以上這些都是天象有所展現。天有變，地必應之！應在哪裡？都會應在人身上，而且上述這些都是凶兆。天象不斷顯現凶兆，大地劇變，都是源自於人心的極度衝突、極度摩擦，這就是整體論。

　　回到我們正在講述的占卜。首先，為什麼人能夠進行占卜呢？占卜的基本原理是東方智慧的規律，包括陰陽學、整體學，沒有這些作基礎的占卜就是迷信，就用不了。西方沒有這套智慧，也就不能用西方的思維模式來解讀東方華夏文明體系的智慧。所以，要想學東方文明體系，必須放下西方的因果論、邏輯思維。因為高度不一樣，一個是低維的，一個是高維的。西方邏輯思維、因果論，是低維

的線性分析；而中華文明體系的形象思維、整體論，是典型的高維智慧。後面會逐步講解中華這套智慧為什麼是高維智慧。

　　這裡所說的高維，其實是借用西方多維宇宙空間的理論概念。人類本身是三維的，也處在三維的世界裡，生活在四維的時空中，而高維就是五維以上。低維和高維之間的界限是四維。古時佛經有言「四維上下」，指的就是四維以下是低維空間，又叫物質世界；四維以上是高維空間，又叫精神領域。有人覺得精神無法看見，就不能說存在精神領域。但近些年科學實驗的結果，已經徹底顛覆了唯物主義的論點。唯物主義主張眼見為實，看得到、摸得著才是客觀存在。然而，看不見的就不存在嗎？分子、原子、中子、質子、夸克，雖然肉眼看不見，但科學實驗逐漸證明它們都是存在的。再比如視覺光譜，98% 的紫外線和紅外線人能看見嗎？人類根本看不見。人類的視覺範圍極為狹窄，人們用眼睛看世界，宇宙當中的射線與光，有 98% 的世界人們都看不見。人類的聽力範圍是 20 赫茲到 2 萬赫茲之間的聲波，而次聲波、超聲波是人類聽不見的，甚至很多狗能聽見的聲音，我們都聽不見，聲音的 98% 我們也聽不見。人想用自己的感官來認識世界上存在的一切事物，

是根本不可能的。

現在已經很少有人再提唯物主義了。微觀量子物理學的出現，把整個宏觀經典物理學對宇宙自然規律的認識和掌握，徹底打破、顛覆了。經典物理學以牛頓為代表，研究物體是越研究越宏觀，研究物體的運動，研究物體間有多少種力相互作用，並且形成了力學第一、第二定律，熱力學定律等各種力學的研究結果。

經典物理學之後，西方開始向微觀物理學，即量子物理學領域研究，發現物質在分子狀態下，還能符合經典物理學的力學規律。但是再往下細分到原子狀態，或者突破原子狀態的時候，就和宏觀物理學的力學定律完全相反、根本性顛覆，但的確是真實存在。西方量子物理學研究的內容，包括波粒二象性，看似極其顛覆，但是完全經得起科學實驗的反覆驗證，量子物理學的這些定論，顛覆人們過去的認知，但實驗結果又是無法推翻的，是客觀的、科學存在的。這使人十分頭疼，讓人難以接受。

然而，量子物理學在原子結構以下，對宇宙運行的研究結論，卻完全符合中華祖先對宇宙的看法。所以，當你研究中華的智慧時就會發現，中華祖先對天道運行規律的揭示，和現在西方微觀、量子物理學對宇宙自然規律的驗

證，是完全相通的。同時又對比發現，中華祖先對地之規、現實中的規律揭示，竟然和西方宏觀、經典物理學對宇宙運行規律的認識和驗證結果完全相同，只是表述的術語不同而已。

這說明，其實在上古的時候，中華的祖先就同時掌握著微觀世界以及宏觀世界的規律，甚至上古的時候，中華祖先就能運用這些規律為我所用，與大自然和諧共生，並由此建立這一整套的文明體系。這套文明體系表現在哪裡？是什麼承載著文明體系？上古留下了很多的經典，而經典就是對這些微觀、宏觀世界具體規律的描述，以及如何運用的承載。

可以看一看，西方微觀量子物理學，對物質在微觀狀態下的整體結論和實驗數據，和中華經典中對天道運行規律的描述，是否完全相同；而西方經典物理學，對宇宙自然運行規律的總結和實驗數據得出的結論，和中華經典中對地之規定理定律的描述，是否完全相同！中華文明用成熟的語言文字，不斷從各個角度描述這一套完整的體系，到現在中華民族一直還在運用著。而真正的集大成者，將整套宏觀、微觀宇宙運行的規律都落地，並彙集到一本經典裡，這本經典就叫做《易經》。

《易經》是承上啟下之作，承上是指承上古之文明體系，啟下是指把這套文明體系，以《易經》作為中間樞紐，透過孔子對《易經》的解讀，形成各類經典，讓人可以看懂，可以理解使用，所以《易經》是萬經之首。所有的經典都有一個共同的來處，那就是《易經》。《易經》也是一個整體的架構，完整闡述中華上古文明體系。《易經》包含符號以及文字對符號的解讀這兩部分內容，符號即為卦，而對卦的解讀即為辭，卦和辭即組成《易經》。春秋戰國時期，百花齊放、百家爭鳴，諸子百家所有的經典，都不離此一出處，就是《易經》。

　　對《易經》的直接解讀，最到位、最全面、最能為人所理解看懂的，就是孔子對《易經》的解讀。其他諸子百家則都是運用《易經》的定理定律，在某個領域落地實用。比如法家直接用在管理學，即帝王學上面，形成一套管理眾生的學問體系；但只是用，引用《易經》很多經典語錄，而不解讀。陰陽家、玄學、鬼谷子，則是直接運用《易經》中密傳的部分，形成玄學體系，落地形成包括算命、測字、預測學、各種法術，這些也都是從《易經》而來；還有《孫子兵法》、《老子·道德經》，每一部經典都離不開《易經》。

孔子研究《易經》研究了一輩子，再結合上古其他典籍，把《易經》研究透徹後，親自寫了《十翼》，把他對《易經》的解讀寫成了十篇文章，如同給《易經》加了十對翅膀，讓大家透過《十翼》對《易經》的解讀，能夠真正看懂《易經》。

所有的國學知識中，最基本的經典就是《易經》。所有學國學的人，學傳統文化的人，不可不知《易經》、不可不學《易經》、不可不懂《易經》。《易經》是根，如果不懂《易經》，不管你是研究宋史也好、明史也好、清史也好，研究什麼都無法通透明白。脫離《易經》研究其他斷代史，也是無源之水，沒有出處、沒有意義，肯定也研究不明白。《易經》在說什麼，要從《十翼》來看，然而《十翼》的十篇文章，哪篇最重要呢？未來專題再講。

第二節

易理卦爻出智慧學以致用
占卜天地現整體人居其中

　　《易經》是占卜之書，要想讀《易經》，必須從孔子《十翼》起讀。然而提到占卜，有人就會想到算卦，就會覺得不入流，覺得低級趣味，覺得這麼重要的經典就顯得不夠高格調、高大上了；實際上，至高的經典所呈現的最高境界文化體系，一定可以用來做預測，否則就不是完整成形的體系。不能用以預測，或者預測無法精準，甚至時靈時不靈的，絕不是完整的體系，也絕不是對宇宙基本自然規律的揭示。

　　《易經》本身就是對宇宙自然規律最正確、最精準的解讀，因此才有可能作為預測的藍本、預測的前提，這是起用處。自己提出所謂完整理論的人很多，這些理論看似好像很對，但僅僅是感覺，能否經得起驗證，又如何驗證呢？尤其現代西方科學家，都能提出許多符合邏輯、看似完整的理論，比如宇宙大爆炸理論、進化論、多維空間理論、弦理論，但關鍵是如何驗證？怎麼實際運用？如何知

道對錯？哲學家尼采晚年患上了精神病，都還能提出一套理論呢。每個科學家，甚至每個人都能提出一套理論，再荒謬也會有人信。但那是不可以用的。

因此，要知道《易經》的重要性，學習《易經》是用來做什麼的。現在正在講占卜、預測的原理，以及預測結果從何得出？怎麼能預測得準？占卜可是中華文化、老祖宗智慧的精髓所在。學習了這麼多，可不是為了給別人講道理的。比方說，夫妻倆鬧離婚，老婆找到你這個閨蜜，問你的建議。她說：「我老公外頭有情人，沒時間陪我，我要跟他離婚！」正常來講，是不是得先問清楚到底怎麼回事，以前是戀愛時誰追誰，現在還愛不愛，如果覺得懷孕以後不愛了，到底有什麼跡象，是抓到證據了，還是僅憑感覺判斷。然後根據這些訊息，你就分析可能是什麼情況，給出三點建議。結果，人家按你的建議離了婚，五年後才發現老公根本沒有劈腿，閨蜜又找你一頓罵：「都是你，給我建議要離婚。」

現實生活中，這種事比比皆是。這就是要學習占卜的原因。你不會占卜的時候，只能用思維邏輯去分析、判斷，去給別人建議。然而你憑什麼給人建議？是比別人懂得多、知識更豐富，還是更有智慧？你要清楚你在哪方面比較有

優勢。如果真的要為別人出謀畫策，一定要記住，不是用知識引導別人，而是用你的智慧去引導。何為智慧？智慧從何而來？前面講了「學」字，這就是上古神人告訴我們的，智慧應該如何而來，就是家裡的孩子，雙手在研究爻變、研究卦象，真正的智慧就是透過學習卦象、卦辭而來的。

聖人的智慧都是研究卦象卦辭而來，而不是背誦經典而來的。經典背得再熟，也只是記在腦中的知識，不是智慧。即使是清華、北大、哈佛、劍橋畢業的高材生，也都是某方面的專業知識勝過別人而已，在其專業領域裡可以稱為專家。但專家往往有個問題：在自己的專業領域累積的年頭多了，專業術語很熟悉，專業圈子裡人脈多，說起專業頭頭是道、滔滔不絕，專業化和邏輯性都無可挑剔，然而說出的結論往往是錯誤的。所以現在專家總被人寫成「磚家」，成了大家想用磚頭砸的人了。

例如 2008 年，512 汶川大地震，地震專家就很令人生氣。大地震之前，螞蟻都提前搬家了，貓狗老鼠全都跑了，多少動物感受到了徵兆，都提前知道了要發生地震，只有所謂萬物之靈的人類什麼也不知道，看著動物搬家還覺得奇怪，甚至覺得可笑。大地震爆發前一刻，主人還在打麻

將，家裡的狗急壞了，邊叫邊咬著主人往外拉，主人聽不懂，狗急得一口叼起床上的孩子就往外跑，主人一看這得追啊，剛追出去，房子「轟」的一聲就塌了。我當時就在四川，地震第二天就下去災區開始救災，所以親耳聽到太多動物救人的事蹟了。人何德何能，稱自己是萬物之靈！

地震前那些地震專家呢？國家花了多少錢培養和支持他們，為何沒有提前預測出來呢？專家們痛定思痛，一定得專業，必須得提前預報。5月19日晚上，地震專家們突然宣布預報，各媒體輪番播放當夜又要發生地震的預警，四川、重慶、陝西、貴州幾個省，警示大家趕快離開建築物，上億人全都跑到了戶外。這也是我的親身經歷，連續幾天救災累到不行，19日下午5點多我就睡覺了，一直睡到第二天早上，上百條訊息聯繫不上我，把我的親朋好友差點急死。結果根本沒有再發生地震。

真正地震來的時候沒預報，而動物們全都知道；沒有地震的時候，嚇得四省幾億人跑到戶外待了一夜。動物們睡得可香了，貓狗都知道，別聽那些專家的！這些地震專家並不是不想提前預報，而是他們真不行！專家學的都是知識性的東西，在預測上真的沒有用，對於得出正確的結論，基本上沒有意義。這也包括西方的專家，在震驚世界

的 512 汶川地震發生之前，中國專家和西方專家，哪一個有預警？那些所謂有特異功能，平時鼓吹有大神通的大師們、大仙們，誰有預警？

新冠肺炎這麼大的疫情，哪個專家有預警？哪位高僧大德、大師大仙有預警了？平時好像自己什麼都通，結果全都是事後諸葛。大瘟疫出現之後，看風水的才出來說，之前算出今年什麼月分應該有大瘟疫；老中醫也出來說，《黃帝內經》裡都寫了，庚子年又閏月，應該在什麼時間會出現瘟疫。你們事前在做什麼？怎麼不提前警告大家呢？事後諸葛亮，有什麼用！

孔子、百家諸子們如果還活著，看到這些專家連動物都不如，肯定都要被氣死。很多人依然不明白，覺得這種事有誰能預測？又怎能預測得準呢？真的預測準了不就是神仙了？在此告訴大家，這一類看得準的神仙，在古代比比皆是，正史典籍中，每一次大戰亂、大瘟疫之前，都有提前預警。只是最近一百年左右，中國人什麼都不懂了，大災大難來了也預警不了，才造成那麼多的死傷。

古今對比，就說明：占卜學，失傳了！占卜是真正的學問。那些大仙兒、特異功能者，都是以詐術騙人的江湖術士，根本沒有真功夫，時靈時不靈的預測，充其量是一

些動物仙附體的情況，無知的人們相信其神通，還都在拜。現在這些江湖術士竟然敢去給國家政府領導人做顧問，在古代就叫做妖孽進宮，國必有大難。

能輔佐帝王的，那是真正的國師、帝師，絕不是有點小特異功能、有點小神通就能勝任的。真正的大國師必須是通《易》之人，天道、地規、人事都在《易》裡，《易》都不通，如何敢做國師？如何敢輔助帝王做決策？自古以來，真正的帝師、國師，像姜太公、范蠡、張良、諸葛亮等，後世會發生什麼事，他們全都知道。中華歷史中，留名青史的國師、帝師比比皆是，而那些沒沒無聞的、掌握著易之理、占卜之術的高人，在民間也多得是。現如今這類高人已經無處可尋。

前面講了學習二字，關鍵是學習什麼？通易理占卜即為智慧，大智慧就是從《易》中來。上古那套神授文明，全都集大成在《易》中，對《易經》的解讀就是智慧的源泉。不要追求西方所謂專家的專業知識技能，而要學習掌握智慧。真正有智慧的人，才能給自己和別人指明方向，尤其是在人有困難、苦惱和疑惑的時候。

比如之前的閨蜜來問你該不該離婚，你要是掌握了這套智慧，就不會聽她自己認為的片面之言了。此時只需掐

指一算、起卦一看，解讀卦象裡面呈現的訊息，馬上就能告訴閨蜜：「你先生根本沒有你懷疑的那些事，必定是你誤會，他非常愛你。你不該考慮離婚問題，應該從另一個角度看待他，重新感受他。」如何知道她先生沒有外遇，如何能夠得出她先生還愛她的結論，有什麼根據？根據就是從《易》中得出的大智慧。

《易》所呈現的，即是卦爻、卦象呈現出來的訊息，不僅僅是表面的，而會把一件事物、一個人的本質全都呈現出來。能看見的東西是表象，看不見的東西才真正是根源、本質。人們經常被表象欺騙，經常被自己的眼睛、耳朵、感覺欺騙。當你認為伴侶背叛了你、不愛你的時候，他的一個眼神和一句話語，都會讓你覺得他在外面有情人了，不愛你了，然後你就跟他吵、跟他鬧離婚，覺得你辛苦付出，覺得他忘恩負義！其實，全是你自己的感覺。

後面會逐漸講透徹，人都以為眼見為實，其實人的眼睛、耳朵天天在騙自己，人就如同睜著眼睛的瞎子、長著耳朵的聾子，只是自己以為自己很聰明。人往往被世間的表象所欺騙，當心裡一旦做出決定，認為「就是這樣」的時候，眼中的整個世界都在向著自己認同的方向發展而去：我認同什麼，我的世界就是什麼。

而《易》所呈現的，則是世界不僅僅是眼睛看到的表象。表象即是地，後面還有更深層的東西，則是天之道，那才是本質、才是根源。透過《易》的卦象，即能呈現表象的訊息，更能呈現深層的、最原始的、最根本的真實內涵訊息。人可上通天，天即是最根本的、看不見的、隱藏於內的、最深層的、原始的、完整的訊息；亦可下曉地，地即是眼見的、耳聽的、表層的、表象的訊息。上承天，下載地，天地相合，人居其中。人一定是首先知道了天和地的狀態訊息，有所分析和判斷，就能做出正確的決定。人是有主觀能動性的，不是被動的，完全可以知道應該怎麼去做。

　　人當然可以做出正確的判斷，但一定要具備天、地兩方面完整的訊息，才能做出真正正確的判斷，否則就有可能是錯誤的判斷，最後遺憾終生。因此，人都不傻，都能判斷正確，但是必有前提，就是要掌握整體訊息。就像前面舉的例子，多少幸福的家庭，就是由於男女雙方的猜疑，只看到了表面，就吵架、鬧情緒、甚至離婚，日後又後悔。其實問題就在於，只掌握自己看到的、自己認為的訊息，而沒有掌握整體訊息，不瞭解對方內心深處真實的狀態。這種內心真實狀態，即是道、是天，摸不著、看不見，看

似虛無，但那才是本質的存在。除了夫妻感情，商業項目、國運也是一樣，萬事萬物皆是如此。

《易經》教人們爻卦，卦呈現出象，就是呈現出天與地的整體訊息，既可以針對一個人、一件事，也可以針對公司企業的運勢，可以針對孩子，也可以針對國家，可以針對萬事萬物。卦擺出來以後，它呈現的整體訊息，既有天之道，又有地之規。天道地規不是大道理，而是天呈現人或物的本質訊息，是我們看不到的、深藏於內的、最原始的訊息；地呈現我們能看到的、現實中的表象訊息，這兩類訊息綜合起來給予人，最後由人做出判斷：應該怎麼做，從哪個方向做，什麼時候應該動，什麼時候不能動。所有訊息都是從卦爻、卦象中來的，這就是八卦、六十四卦的含意。

卦有卦之象，爻有爻之象。卦主事情大的框架、格局；爻主事情發展變化的過程。這就是占卜，而最後能不能做出正確的決定，還取決於人本身。所有卦和爻之象，呈現的必是客觀性。客觀性的意思就是，象呈現的訊息是確定的、相同的，如果人持著兩種不同的心態，事物往前發展就得出兩種不同的結局，而卦和爻最後的呈現，一定不會直接告知某一個結局的結論。

爻一卦看一對夫妻的婚姻情況，絕不可能卦爻出來的結果是他倆得離婚，不可能得出這種結論。而是一定會出現這樣的卦辭：「信則真，疑則斷。」然後會這樣解讀：信則真，真是圓滿，信是信任，如果對你先生堅定的信任，認為自己眼見的不一定是真的，他一定還是愛你的、是愛這個家的，你們的結局就會是圓滿幸福的；疑則斷，如果你本著懷疑的態度，你們最後的結果一定是分開。最後呈現的卦辭，就會類似《易經》上的表述：「信則真，吉；疑則斷，凶。」

　　卦呈現的是整體訊息，比如「先生應該是愛我的，他在外面沒有情人」，這些訊息在卦象上都會有所呈現，只是你能不能看懂、怎麼解讀，怎麼去爻這個卦。給你呈現了整體的訊息，決定權仍在你自己，是相信先生，信則真；還是不相信他，疑則斷。

　　這就是孔子平時做的事，「居則觀其象而玩其辭」。《易經》、上古之神，都不會代你做出判斷，而是告訴你幾條路，分別怎麼走，你自己去選擇。那這是不是洩露天機？不是的。透過《易》之爻卦掌握了整體性的訊息以後，決定是你自己做的，吉和凶是你自己選擇的，你的命運不是《易經》決定的，而是你自己選擇的。

學國學、學《易》、學傳統文化、學這一整套文明體系，如何能夠學以致用？就得從占卜起用。天天背誦經典，有何用？天天出口成章，有何用？學了這麼多，一定得能解決問題。瞭解具體的歷史史實，再看看甲骨文裡記載的場景和卜辭，再讀讀《禮記》的大部分內容就是祭祀和占卜，由此可見，一個國家決定任何大事小情之前，一定得占卜。

占卜，即是要得到上古之神的垂青與護佑。用現代語言解釋就是，你所掌握的占卜之術呈現的是真實的訊息，即天道是最本質的、最基礎的、最原始的訊息，就在這裡呈現。而地道就是我眼見和我認為的訊息，天地相合，把看不見的和看得見的合起來，訊息完整了，人再去判斷，我起判斷作用。做決策的不是天地，最後做決策的一定是人。講至此，還會覺得占卜是迷信嗎？如果幾十年前說占卜是迷信，可以理解，因為沒有經過科學驗證，所以唯物主義者會認為，眼睛見不到的就是不存在的，那時想講也講不通。但是現在能講通了，西方量子物理學出現，全世界一致認可，研究的就是微觀世界，就是人們眼睛見不到的世界。

然而，現在大家都信一個宗教，叫科學宗教，尤其是

中國人。現如今，中國人不信自己的科學，只信西方科學；不信中華祖先、不信上古之神、也不信佛菩薩，卻一致相信西方科學。西方科學家說什麼都是對的，只要是西方科學家研究出來的，就不加思索的贊同！科學現在已經變成一種宗教了，當下的中國人，就在信仰這種西方科學宗教。所以，我現在講課，不得不用西方的科學論證、實驗數據，來給中國人講解華夏文明。沒辦法，就是因為中國人現在不信祖先表達的智慧，而用西方科學一解釋就信了，就明白了原來如此。

爻變卦象為什麼能與事一一對應？這是什麼理？聖人孔子解讀《易經》的《十翼》之中，最重要的兩篇就是《繫辭傳》上和下。《周易・繫辭》是周文王解讀《易經》的時候，對卦的解釋語言，孔子又進一步解讀《周易・繫辭》而作《周易・繫辭傳》，分為兩篇《繫辭傳上》和《繫辭傳下》。我們一定要根據《繫辭傳》來解讀《周易》，不然看不懂。《繫辭傳》又是《十翼》十篇文章的總綱和框架。《繫辭傳上》講的就是卦，怎麼起卦和卦的原理，即預測準確和靈驗的原因；《繫辭傳下》講的就是卦象怎麼解讀。

經典內容就這麼簡單，現在告訴你概念。但是《易經》若想自己看懂，哪怕背得滾瓜爛熟、倒背如流也是肯定不

行的。《易經》博大精深、輝宏燦爛，那麼高的境界，以凡人的小智慧和小聰明，怎可能自己看懂！有人會辯理：「人人皆有佛性，本性俱足。」是的，你本是佛來的，也是本性俱足，但俱足的本性還被業障深深的壓抑著，還沒能像火山爆發一樣釋放和激活。所以，人都需要明師引路，把心中那小小的火苗點燃、激活。否則，就算你以為你本即是佛，佛頭頂上陰雲密布，被業障的烏雲層層壓著，也一樣見不到太陽，一絲陽光都見不到。

第三節
大福緣遇明師起修
通孝道敬父祖尊師

　　現在開始，如果有點感覺了，就要開始起修。如何起修，首先得遇到引路的明師。如果遇不到、見不著、得不到明師的指點，你就還是福報不夠、業障深重，業力阻擋著你，就成為了你與明師之間的障礙。比如終於發現虛雲老和尚是位明師，你想拜師，但由於你晚生了一百年，老和尚早已經圓寂了，你也就沒有那種福緣，只得接受和祖師大德的擦肩而過。

　　僅僅知道誰是明師，沒有用。如果見不到明師，只是讀其書籍著作、看其視頻影片，一樣學不到真東西。修行沒有泛泛而論之說，在此講的也只有大道理，真正的起修處一定是口耳相傳的密法、密術。現在講的都是理，而如書本這樣的公開媒介，不能講授密法密術。然而，理通了，心就能打開一點。如果沒有得遇明師之緣，你就做個好人，踏實把人做好，修好孝道，從忠孝起修。忠是做事的時候，盡心盡力；孝是待人的時候，敬上愛幼。忠實於事即忠實

於君，忠實於君即忠實於國，這是人的職責與本分；在家孝父母，在外就會忠於君國、老闆。

現在的人只會給父母錢，對父母僅有養，沒有敬，那不叫孝；跟自己父親見面就吵鬧，不僅不聽話，甚至內心都瞧不起父親，在家就跟父親對立對抗，這樣更不是孝。動物也知道養老，孔子告訴我們，孝道之中，養是最基本的，此外還必須做到敬，即尊重。如果瞧不起父親，對自己的父親都不尊不敬，還言何孝道？你從何處來？即使父親就是做苦力、種地的底層之人又如何，沒有父親世間有你嗎？你覺得父親愚笨、懦弱，保護不了家庭，但你知道你所謂的聰明從何而來嗎，都是家族一代代遺傳下來的，只是遺傳基因會在某一代活化，可能機緣相合在你這一代活化，讓你聰明得以考上大學、飛黃騰達，父親那一代雖然機緣未到，沒有激活，但是否仍默默傳承血脈啊，若沒有父親連接家族祖先，遺傳基因怎能傳到你的身上，即便有機緣，但你有何可以激活之處！

對父親之敬亦是對祖先的敬，父親是祖先一脈傳承下來的代表，你所有的優點、聰明、智慧之處，一大半都是祖先基因遺傳給你的。不敬老、看不起父親，就是看不起祖先，再往上追根溯源，中華兒女的共同祖先是上古之神，

不敬己父，就是看不起祖先之神。當你看不起、對祖上不敬的時候，祖先的血脈、祖德，到你身前即截斷，與你隔絕。不是祖先不想傳給你，而是你身前自設隔絕層，你之上是父親，繼續往上才是各代祖先，因為你看不起父親，你跟歷代祖先就從父親這裡隔絕分開了。

現在中國有太多人看不起、甚至怨恨自己的父母，恨自己不是官二代、富二代，看不起自己的爺爺是農民，而不是為國拋頭顱灑熱血的老革命，認為是爺爺沒有志向，所以自己才沒成為紅三代。只知要求父母祖輩，不知敬畏，忘了生養教育之恩，還對父母有所要求，不知自己一切優點從何而來，甚至忘了自己從何而來。

不知孝、不知敬，父母都不孝敬的人，能有什麼德！有人提示說，爹媽之中也有極端的，甚至也有非人行為。但是我們是要理解此處的內涵意思，爹有爹的做法，媽有媽的做法，我有我的心，在此所講的是我自己的對上之心。要清楚，跟父母之間可不是平等對待，絕不能因為爹打我，我就恨他，就不認父親了。跟父母絕不是這種「他怎麼對我，我就怎麼對他」的所謂平等關係。不能因為爹在你小時候曾經家暴、打過你、打過你的母親，你就不敬不養父親。爹就算再怎麼不是人，那是他本人不是人，而你不能

因此而像他一樣，用同樣不是人的方式對待他。

　　近三十年來，我調理了大量的個案。其中，見到太多遭遇不幸、災禍，現實中有障礙的人；也見到太多現實中飛黃騰達、貴人相助，沒背景但事業成功的人。我在此給大家講授的，並不是從書中所得，而是我幾十年來的實際經驗之談。所有得貴人相助的人，有災有難時受萍水相逢之鼎力相助的人，還有很多沒什麼文化依然發大財、做大官的人，調理過程之中，用心觀察這些人可以發現他們都有基本的共性：有福報的人都很孝順，孝是基本的共同點。繼續往上調理查看，還有一個共性就是他們祖上都有積大德的祖先，正所謂「祖上積德」。要嘛祖上是好官，救人無數；要嘛祖上是仁商，救濟蒼生；或者祖上行醫、是修行人，救度眾生、造福一方。

　　祖上有修行人，所積的都是陰德，陰德都累積到子孫身上，子孫後代中，父慈子孝、兄弟和睦、百事皆順，有很多這樣的家族。有如此家族之人到我這裡做個案時經我一查，祖上確是功德之人，來人本身的心態也很好，孝敬父母，和順待人。在家孝父母、敬父母者，出外對老闆、上司、前輩一定也是一樣。在家看不起父親、怨恨父母、不知孝敬之人，在外對老闆、上司、前輩也是完全一樣。

而且記住此言，是絕無兩樣。

多少人在現實中聰明伶俐、能力超強，就是跟老闆關係不好，逆反抗上，根就在與父親的關係上。這些年我調理了很多類似個案，有的人很痛苦，走到哪裡都和老闆起衝突、不順眼、總對立，能力超強，卻總是得不到提拔。個案過程一查一看，他跟父親的相處模式，完全就是他跟老闆、上司、老師、長者相處的模式，這個模式一脈相承，是改不了的。

在家特別孝順父母、特別敬重父親、愛護母親，在外卻跟老闆劇烈對抗，絕對沒有這種情況的存在。所以，在現實中要調整和老闆、上司之間的關係，不是與上司談話、和老闆談心，那是沒用的，因為那都是表，是你表面看到的、聽到的、做到的、表達的，解決不了實際問題。這種抗上的模式，絕對跟老闆沒關係，問題在你自己。怎麼對治調理？其實就是調整你和父親的關係。這種關係還對應女性和老公的關係，婚後總是看先生不順眼，都是要調整你和父親的關係。這裡面的真相、規律太多了，在此只能先簡單講一講。

要想修行以領悟真相、掌握規律，首先必有明師。然而，哪位有大智慧、真功夫的明師會隨意收徒？如果你一

直遇不到明師，就是因為有業障擋在你與明師的中間。「朝聞道，夕死可矣。」自古以來，真正求道之人，是真正可以拋頭顱灑熱血，捨棄身家性命上山修行的。在西藏，為了修行都得捨掉自己最珍貴的東西，求上師傳授真法。什麼也捨不得，就只拿出十塊錢，意味著道在你心中，也就只值十塊錢而已。

若真想求道學法，得遇明師，既得有心，又得有福報，明師得真正收你、真心教你。想求道必須有福報，若衣食無著，即使拜了明師，怎麼安得了心。得先把自己的生活問題解決，法侶財地缺一不可。然後，再看你的心是什麼樣的求法之心，當明師決定收你為徒了，你也不一定能跟師父把師徒關係處理好，如果你是前面講的，跟老闆天天起衝突的模式，你和老師之間也一樣會衝突、對立。老闆、老師和父親，在心裡都是同一回事。

有的人得遇明師，明師也想教他，但是他和明師在一起相處，不過一年半載，又開始發生衝突了。因為他在家就不孝、不敬父親，跟著明師前半年還能忍得住，覺得師父傳道授業特別好，半年之後，真性情就壓不住了，覺得師父這也不對那也不對，一旦看不慣就開始產生矛盾衝突了，就把對待父親的模式拿出來了。如此模式偏執不變，

明師就會立刻將其趕出師門。

　　孝道是起修處。但是在此處還有一個理很重要，即怎麼調整自己和父親的關係？很多人覺得自己跟父親之間沒有什麼問題，關係很好；這只是你自己認為關係好。如果真的走進內心深處，看一下你跟父親到底是什麼樣的真實狀態，多數情況下會嚇你一跳，很多人都會嚇得毛骨悚然，不敢相信父親在自己心中竟然是這個樣子；但是，同時也會一下就明白，為什麼自己跟老師、老闆是那樣的相處模式。再繼續把根源挖掘出來，這個過程就是在修行。

　　修行即是修一切的關係。對外的一切關係，其實都是每一個人跟父母關係的延伸。身處在外，如果總是與人有衝突、不和諧，總是遇到小人與自己爭搶、打鬥，這些所有的關係，也都是與父母關係的延伸。調整人與人的關係，就是調整自己和父母的關係。發自內心，把內心深處和父母的關係調整好，現實中一切人際關係立刻迎刃而解，一片祥和，怎麼也恨不起來、對立不起來了。

　　那怎麼調整和父母的關係呢？這些都跟占卜有關，若要調整自己與父母的關係，得深入內心才能知道自己的真實狀態，以及自己和父母關係的真實狀態，那都是天道的訊息。自己內心深處、自己意識不到的和父母的關係訊息，

就得透過占卜來得知。那麼，到底如何占卜，才能知道最深層的天道訊息呢？

第三章

占卜實用智慧流露
通幽神明掌握命運

第一節

中華文明高維智慧
文化復興正道滄桑

在中華文明中，占卜實在是太重要了。原因就在於，我們學國學就是為了用。但怎麼用這套國學？不是在國學經典中學了祖先的智慧，就能知道怎麼用。何為智慧？首先要釐清知識和智慧是兩回事。一般人總有一個概念：只要學了古人的智慧，分析問題就頭頭是道，建立了一整套思維模式，就有了自己成型的理論體系，在分析解讀世間萬事萬物的時候，就能比別人清醒、比別人有方向。一般情況下，大家把這個概念當成智慧了，但這並不是智慧。

有人說：「讀萬卷書，行萬里路。」其實讀萬卷書不一定能明白書上寫的是什麼，也不是所有行萬里路的人，都能累積多少人生閱歷，搞不好累積了負面思緒，使得人生更加艱難困苦；經歷得多，不見得就有所成長和昇華，那是兩回事。

其實，那句老話真正完整的是這麼說的：「讀萬卷書不如行萬里路，行萬里路不如明師指路。」還有一句則是

「假傳萬卷書」。行萬里路不一定能從中有所裨益，也不一定能有所昇華；所以說，明師指路是第一要件，學國學也是一樣。你可能正在自學國學，但是於國學方面，自古以來，再聰明的人也沒有能自學成才的。不要把國學等同於西方自然科學，你如果自己研究物理、化學等西方自然科學，還有可能在某個領域自學成為專家，那是西方知識領域的累積；但其實也不然，後面會一點點逐步展開給大家講，西方科學體系也不是累積來的，也都是靈感的迸發，並不簡單。其實地球上的智慧，根本就沒有累積而來的，累積來的本就不叫智慧，就是知識。

所以，不要把知識和智慧混為一談。我們有緣結識，就對有緣人啟迪一下智慧，而不是要教大家知識。要想學國學傳統文化知識，可以去看別的書籍、聽別的老師的課，很多大學教授都有相關的書和課。但在我這裡，不會咬文嚼字的講授《論語》告訴我們什麼，應該怎麼做人、怎麼做事，掌握什麼思想、什麼哲學、什麼理論體系以指導我們生活，碰到事情應該按書上所述的道德仁義禮智信如何去做……我不會講這些東西。我是要嘗試著為大家講明白何為智慧，以及怎麼點化、激活有緣人心中的智慧。

首先要把知識和智慧分清楚，知識源自於人的頭腦和

意識，是累積學習來的；智慧是流出來的，不是學習累積的，是靈感迸發而來的。智慧源於整體，不是從頭腦，而是從心裡流淌出來，這是知識和智慧最大的區別，具體在於：知識是由頭腦中來，是推理、分析、判斷和邏輯而成；智慧是由心發出、流出來的，是突然一下就來的，從整體而來，不是分析、判斷而來。

要想學習國學傳統文化、神性文明這套體系，不能僅僅從頭腦當中來，不能僅僅靠著邏輯、分析、判斷、推理來。雖然現在所有學國學的都是這樣學，但是我不想那樣教大家，讓大家累積所謂國學知識，好像學問很淵博，說起話來滔滔不絕、出口成章，但我們要的不是那個。我們要的是智慧，而智慧很難用幾句話講清楚。

佛法當中，佛經、佛典浩如煙海，道法也有許多經典，儒學又有那麼多經典，經律論汗牛充棟。其實這些經典都在說一件事：如何獲得大智慧。有了智慧才會圓滿，許許多多的經典都在說這同一件事，並不是經典說不明白，而是我們還看不明白，我們還理解不了經典到底在告訴我們什麼。直白的說，所有儒釋道各類經典都是為了教會人們一個方法：「放下頭腦，啟迪激活我們的智慧。」不管老子也好、孔子也好、周王文也好、釋迦摩尼佛也好，其實

說的都是一回事。我講這麼多課、寫這麼多書，其實也在說這一件事。

關於這一件事，古人有古人的解法和教法，現在有現在的解法和教法，時間不同、地域不同，人都不同，教法必有所不同。什麼事都有亙古不變的理，同時也要與時俱進，這就是陰陽。現在的教法與孔子時期不同，但也必有亙古不變的東西，即是要「信而好古、述而不作」，這是我們一直強調的。

中華的文字、語言和文言文體系，本身不完全是意識和頭腦的東西。中華文字是象形文字，當說到象形文字，就是有象有形，象就涉及右腦，形就涉及左腦，使用文字時，是左右腦同時刺激活化。中華的語言，一說話是前腦聯合區在活動，和運動區域最接近，我們一說漢語，左右腦同時都在運動。中華的文言文體系也是一樣。

這說明了一件事，華夏文明所有的一切，都是左腦和右腦同時開發、激活，智慧一定是這樣出來的，不斷的同時激活左右腦，智慧才會不斷流露出來。只激活左腦或只激活右腦都不可以，尤其不能用方法刻意的激活左腦或右腦。市面上好多人在做這種事，或者有意激活左腦、或者有意激活右腦，這樣其實都是偏執，是不可以的，對大腦

的整體發育並不好，本身就不符合人類大腦的生理結構和發展過程。

什麼是激活左腦呢？就是不斷進行邏輯思維訓練，強化邏輯思維，讓什麼事都符合因果論，有因必有果，有果也必有因，從因到果一定有個邏輯。有個專門的學科叫邏輯學，按照明確的邏輯線進行分析、推理、判斷，最後再得出一個結論，西方的決策學即是建立在強大的邏輯思維基礎上。而這些就是強化左腦的方式。

強化激活右腦又是指什麼？市面上有很多開發右腦的學習班，教孩子開發右腦，看似神奇，一目十行、過目不忘，但這也是不可以的。對孩子進行刻意的右腦開發，未來對大腦的損傷是很大的，不利於大腦正常自然的發展。

不可以用西方的方法去強化開發某一側大腦，而且絕不可以。看似好像神奇，比如孩子在某一個階段一下記住好多英語單詞，短期內看書過目不忘，好像翻一遍就都記住了，但千萬不要被這種暫時個別效果所吸引。看似孩子好像具備神通，具備了超人的能力，但等孩子長大以後，會發現孩子大腦被損傷了，因為這些方法這都不符合大腦的自然規律。

我們學習國學，學老祖宗傳下來的智慧，只要按照祖先傳承的方法來，本身就是在發揮整體活化大腦的作用。在日常寫字的過程中、說話的言談舉止中，其實平常日用之時，中華祖先的神性文明，已經在左右腦同時開發這方面上發揮非常強大的作用了。所以中國人是世界上最有智慧的人，智慧是流露出來的，是靈感。幾千年來，中華民族在世界上，不管是文藝方面、與大自然的交流互動方面，還是軍事方面、思想哲學方面，無論哪一方面中國人都是遙遙領先的；只是近兩百年西方工業革命以後，中國被動挨打，落後了。近代雖然落後了兩百年，但是在人類的歷史長河裡，中華已經領先了至少一萬年，只是發展慢了兩百年、被動了兩百年，我們就否定自己，絕對不應該。

　　現代中國人天天喊革命，而且是革中華老祖宗的命，把所有的罪責、過錯、軟弱、被動挨打的根源，全都嫁接在老祖宗身上。不但否定老祖宗的一切，居然還認為讓中國落後挨打的一切根源，都是因為我們的文化、信仰、文明體系有問題，要徹底推翻，這才是現代中國真正最大的悲哀。

　　所以現在我來把國學的精髓、國學的根源本質在此用我的方式給大家點一下，不可能點得太深，畢竟書籍是公

共媒介，主流是歌功頌德，要「仁義道德禮智信」，主要
傳播功能是讓百姓民眾更聽話、乖順。然而真東西是有力
量的，真東西也是有智慧的，有智慧就是有力量，但這未
必是統治階級真正想在民眾中看到的。

我講述一些與眾不同的國學，大家看緣分學習。有的
同學感覺承受不了，覺得老師天天講周朝、講孔子、講上
古、講復古，難道能讓我們回到古人那時候嗎？回到原始
社會嗎？難道就不能與時俱進一點嗎？我們要超英趕美，
立於世界之巔，能不能講一講先進的東西？

但是從我的理解角度看，有些東西是亙古不變的：
天地運行規律是不變的，人心人性規律是不變的，不管中
國人、外國人都是人。古人傳下來的東西，要清楚是為何
開始傳、如何開始傳的？為什麼要復古，其實前面也已經
講得很多了。我們到底要學古人什麼？什麼要變？什麼不
變？現如今，就是因為不懂，所以把古人的東西全變了，
才造成了今天整個民族沒有文化、沒有信仰、沒有智慧。
當你沒有文化、沒有信仰了，就沒有智慧了。在此並不是
講全人類的智慧，只是講中華民族獨有的智慧，而這民族
獨有的智慧，我們現在已經喪失了。

我們知道力量究竟是從哪裡來嗎？真正的力量，是從

智慧中來。沒有智慧的人，僅靠胳膊粗力氣大，能夠戰勝內心、戰勝自己、戰勝外界嗎？自己都戰勝不了，自己的內心都還迷茫著，怎麼可能戰勝外界？從來不是哪個人胳膊粗力氣大，就可以用武力去征服他人的，武力征服一定是短暫的，不是真正的征服。歷史上武力最厲害的成吉思汗，建立蒙古帝國，占領整個歐亞大陸。當時他和他的子孫武力強大到什麼程度，就連現在最厲害的「戰鬥的民族」俄羅斯，其廣袤的、世界第一的領土，也曾經被成吉思汗和子孫們徹底征服，統治了他們兩百多年。

蒙古帝國那麼強大，鼎盛時領土面積廣達三千五百多萬平方公里；而成吉思汗騎馬起兵的時候，麾下包括老弱病殘一共才一萬蒙古人，結果沒用多少年便橫跨歐亞大陸，打下了三千五百萬平方公里的土地，武力多麼之強大，當時誰能擋得住蒙古的兵鋒。但是僅僅有武力，再強大又如何？沒有本民族特有的文化，沒有信仰體系，只是用強大的武力征服，沒過多少年蒙古帝國就開始瓦解了。用了六十五年時間打南宋，在中土用武力把漢族征服的蒙元，統治中土不到一百年就徹底瓦解，大漢民族又把蒙古人打回大草原，之後再也回不來了。

僅僅統治人的肉體，胳膊粗力氣大有何意義呢？後來

的蒙古為什麼積弱？雖然蒙古帝國曾經那麼輝煌，鐵蹄踏遍天下，但是直到最後也沒有形成自己的、全世界能認同的文化和信仰。然後當武力衰微的時候，就什麼也不是了。蒙古帝國幅員雖廣，但後來蒙古人都被當地人同化了：一部分被儒家同化留在中原，一部分被基督教同化，一部分被伊斯蘭教同化，看似征服了人家的肉體，但自己沒有文化、沒有信仰，征服肉體是暫時的，沒有意義的，後來反而會被人家的文化信仰所同化。

反之，沒有文化、信仰的民族，一定會被人征服。也許被武力征服，也許被軟實力征服，但不管是什麼方式，最後的結局一定是被人征服。當一個民族沒有文化和信仰的時候，一定是這個下場。

智慧就源起於古老的文化與信仰，尤其中華的智慧不同於西方，把中華智慧體系與西方不斷的對比，就會更加清楚。西方的那一套文明是怎麼來的？歐洲文藝復興之前，為什麼一片黑暗、沒有文明的曙光？前面書中提過，四大文明古國是怎麼來的，其他三大文明古國又是怎麼沒落的；四大文明古國都有上古高度發達的文明，這些上古之神統治地球的方式都一樣嗎？

中華上古之神與西方三大文明古國的上古之神有何不

同，前面我們做過對比，後面也會一直對比著講解，而大家都已清楚這是根上的原因。上古之神走了以後，中華民族如何繼續傳承這套神授的文明體系？和上古之神還有沒有關係？一直還受著神的護佑嗎？我們是一直向神學習，還是徹底斷了聯繫？大洪水後，西方上古之神走了以後，西方的人和神還有沒有聯繫，是怎麼聯繫的？用什麼方式建立聯繫？

為什麼中華民族在大洪水之後，從夏商周一直到秦漢唐，節節發展，繁榮富強，文化、思想、哲學、藝術、貿易、軍事，方方面面都領先，屹立於世界之巔？歐洲為什麼陷入了無邊的黑暗，不斷發生瘟疫和戰爭，出現多次人口大滅絕？文藝復興時期發生了什麼？他們如何重新開始了他們的新文明？其實，所謂文藝復興後的歐洲應該稱為新文明，而不應該稱為復興，因為他們自大洪水後文明就沒有興起過，也沒有文藝，沒有哲學，所謂復興是西方自己說的，其實他們根本不是復興。

現代西方和中華相比，他們總覺得自己船堅炮利，想把中國踩在腳下，甚至從文明和信仰的根上也要超越中華，因而造出來古希臘文明。所謂這些文明，根本經不起推敲。西方上古之神離開他們以後，整個歐洲陷入一片黑暗，一

直到文藝復興以後才出現文明的曙光，這道文明曙光是怎麼來的？直到現在，西方看似強大、看似領先，而中華變弱了，到底發生了什麼？這些肯定都是在一般的書上、在新聞裡看不到的，不會有人講解這些的，我就是從我的角度來講解。

華夏文明的一切都是源自於上古，上古之神雖然已經離開，其實他們仍對中華後世子孫不斷的教化、啟發、激活，讓我們能掌握一定的上古文明體系。中華民族有了語言，有了文字，有了文言文體系，同時不忘祭祀之本。前面兩章我們著重講過祭祀，祭祀太重要了，祭祀這個儀式形式，就是人和神之間溝通的橋梁。但是現在中華已經沒有祭祀概念，不懂祭祀的意義所在了，一說祭祀就覺得是迷信，就覺得早應該扔到歷史的垃圾堆裡。中華民族把祭祀徹底扔掉，還不到一百年的時間，但當我們沒有祭祀了，我們和我們的神靈就斷了聯繫。

中華子孫和上古之神、宇宙萬事萬物之靈，斷了聯繫不到一百年的時間，從歷史的長河來看，一百年並不算長。但是我要強調，如果如此繼續再過二、三十年，我們基本就和神靈徹底斷絕了聯繫，一旦徹底斷了聯繫，中華民族的文化信仰也將就此斷絕，民族智慧將無法再被激活，我

們就將全盤西化，如此中華民族就將徹底亡了。一個民族沒有了文化信仰，就什麼都沒有了，你的民族都不復存在了。因此，跟上古之神徹底斷絕聯繫是最可怕的。

所以，講了語言文字之後，我著重強調祭祀。祭祀上古之神，這是天地，就是自然規律。我們不僅對天要祭祀，對地也要祭祀，還要祭祀我們的祖先，這是祭祀的三大方面。同時，祭祀又是禮的前身，心中滿懷莊嚴、敬畏的去祭祀之人，一定是知理之人、守規矩之人。知理之人必是孝者，孝又是中華文化、華夏文明的根基。只有中華有孝道文化，由孝而入道。因為太重要了，必須再三強調。

占卜是用，為什麼要學國學呢？就是要起用。這就涉及到知識與智慧的區別所在。有人說：「老師，你為什麼說知識不如智慧呢？難道認為知識是用頭腦分析、推理、判斷、決策，這樣不好，層級很低，弱小而沒有力量；智慧不用頭腦分析、推理、判斷，智慧就很高級？那大家做事一拍腦袋出來就好了！不是吧？我們從小到大所學就是要有邏輯，要有強大的分析、判斷、推理、決策能力，做什麼事都應該先搜集資訊和素材，在相對完整的素材基礎上，在正確的邏輯下，去分析、推理、判斷，最後做決策，這不就是決策學的基本框架嗎？為何說這套邏輯思維有問

題呢？我們從小都在往這方向努力發展，老師您又為何說這都是強化左腦，是不可以的呢？」

每當說到這一段時，很多同學根本理解不了我的意思，不理解為什麼我說強化左腦的做法不可以。現階段，受著西方教育的中國人以及西方人本身都看重這方面，誰的邏輯性強、分析力強、判斷推理能力強，誰就受提拔，誰就能做領導。現在整個社會的氣氛都是這樣，但是從我的角度來講，這些標準和做法都是知識類的，是不足取的。

這些不是智慧，層級都太低了，在古之聖人眼中，知識類的這套東西叫做「器」。器質世界中，「器」即是被「形」所束縛的，有形就會被束縛，這是低維時空的東西，低維度時空就是現實世界、四維以下的世界。四維以上是高維度，進入高維就不是「器」這個層面的東西了。所以，中華的智慧是高維的智慧。但準確的說，中華本來是高維智慧，但現在的中國人跟西方學低維智慧又學不像，自己祖先最先進的、最超前的智慧沒學好，精髓也沒留住，甚至已經根本不知道什麼是好的，僅看到西方現在強大了兩百年，就都一味跟西方學。

從思維模式的角度來講，中華的形象思維模式才是真正的高維智慧；西方那套邏輯思維是低維的、知識性的。

然而，我們僅有高維智慧也不行，要能夠在現實中落地，在器質世界中應用起來。我們承認，「會用」這一點本身是華夏文明、文化的弱項所在。我們可以向西方去學他們的邏輯性，學他們的分析、推理、判斷和決策這一套，但是不能因為可以向西方學這些，而丟掉中華自己的高維智慧，那就得不償失了。

現代中國人的問題，是把祖先的智慧徹底扔了，向西方學習又沒學會。結果，原本擁有的珍貴寶藏被我們自己拋棄了、斷絕了；想去蹭別人的饅頭又還沒蹭著，結果還繼續餓著。現在的中華就是這樣的，裡外不是人，再這樣下去就真得餓死，真要滅亡了。

我們最好的做法是不去改變老祖宗傳下來的、中華本源的、固有的高維智慧，高維智慧構成的整套文明體系是亙古不變的，再結合我們要加強、要改變的地方，真正虛心學習西方的精確性、針對性、指向性、邏輯性。如此，就陰陽結合、天人合一、所向無敵了，那時候就真的是我中華再次復興、再次雄踞世界之巔的時候。

現在的中國人心不古，即是人心壞了，全民短視重利，都是為了利益的目光短淺行為，根本不為子孫考慮，也不

為自己的身後事考慮。所以在這個時候，我出來講國學，是要喚醒國人，不要把祖先留下來的珍貴寶藏丟棄了，那可是巨大的寶藏，千萬不能丟啊！中華祖先留下來的智慧寶藏，每一項都符合宇宙運行的規律，符合人心人性的發展，這些是亙古不變的。

我們這套華夏文明是神授的，不是簡單由人累積出來、想出來的；人所想出來的東西是會變的，而非亙古不變。祖先傳下來的是神授的智慧，當我們真正認識到這一點之後，才真的會好好學習，才會敬畏，才會好好的用。

我之前曾經講過的，包括語言、文字、祭祀、占卜，以及未來還會繼續講的中醫祝由、風水、奇門遁甲、排兵布陣等，全都是建立在方才所說的基礎上。必須先有前提和鋪墊，才能學到真東西。就好比奇門遁甲，別以為拿本奇門遁甲的書、背背八卦，就能知道怎麼用。在紙上畫九宮格，那不叫奇門遁甲。奇門遁甲在紙面上你怎麼運用？真正的奇門遁甲，真的可以撒豆成兵、呼風喚雨。這不是迷信傳說，中國古人會這些的比比皆是，可以影響天氣氣候。反觀現在，大災難來的時候，派那麼多專家有什麼用！他們根本不懂本質，看到的都是表面。若是古人碰到現在

新冠肺炎瘟疫的情況，不必派那麼多專家，皇帝直接請個道士下山，一個道士比一萬個專家都實用，因為道士掌握真東西，真的能解決問題。

　　類似的記載，古書中比比皆是，有的地方大旱三年，皇帝除了祭祀天地祖先、下罪己詔，還要派真正通道的人去求雨。記載中可以明確知道很有效果。為什麼古人這麼做就很實用有效呢？那個時候，皇帝派一位道士去，如果他治不住疫情、求不來雨，立刻身家性命不保，這是欺君之罪，滿門抄斬；真能治好疫情、求到雨的，回來之後重賞受封。古人就是這樣，掌握這種術、這種方法的人比比皆是。可是現代還有誰會？現在全是西方那一套。問題在於，西方那一套方法如果真實用的話，歐洲又怎麼會總發生大疫情，百年瘟疫，十室九空，那時候怎麼見不到專家們來治理呢？

　　不能只看見西方一時之好、比我們強的一面，就一味否定自己的老祖宗，一味向西。治療新冠肺炎瘟疫，中醫用上之後有沒有效果？效果極為顯著，但也沒人宣傳，還是因為利益的因素。如果大力宣傳中醫，如果中醫在中華大地再次普及興盛，對老百姓自是有好處，造福萬民；但

是對國家財政，對整個醫療利益集團並沒有好處，他們得用醫療系統賺錢，西醫體系才能利益最大化。

祖先的傳統中醫一旦大興，治病最多就是一點草根、草枝，非常便宜，野外、山上長的全是中藥，就算種植也成本不高，草根就能治病，草葉、草枝、草根熬一鍋喝了病就好了，價格根本漲不起來，就沒有了掙錢的路！更何況，還有的中醫一根銀針走遍天下，什麼病都能治，即是所謂的西醫各科都可以治，如果傳統中醫智慧全都掌握了，治病就太容易了，那麼西醫體系龐大利益集團還怎麼存活！

所以，中醫在這次新冠肺炎疫情中的確發揮了巨大作用，但相關資訊全部只是民眾之間在流傳、老百姓自己自豪。國家不但不會宣傳提倡，還得繼續研究疫苗，一旦疫苗研製出來，利益集團就發財了、國家財政收入也就提高了。若是國學這一整套體系都傳出來了，老百姓都掌握智慧了，想一想多令利益集團恐懼呀！

什麼是真正的智慧？智慧是有力量的。那什麼又是力量呢？可以這樣說，中華老祖宗這套體系真的重新傳出來了，民眾真正有了智慧、真正掌握了一部分上古文明體系，

基本上 80% 的病自己就能治了，這會是一種什麼樣的現象和狀態！現在最賺錢的就是醫療系統，哪家醫院不是人山人海爆滿，為國家財政帶來多少收入，利益集團又賺了多少錢。如果老百姓 80% 的病都能自己治了，雖然真的是造福萬民了，老百姓不用花那麼昂貴的醫藥費、手術費了，也沒那麼多痛苦了，但是國家財政呢，利益集團呢？令人恐懼不？

所以說，誰敢在這方面開民智，誰來教大家自我療癒，教老祖宗這些行之有效的方法，就必須抹黑他、讓他臭名遠揚，必須把他打成妖魔大仙兒、江湖騙子，打成迷信，不再讓人人信他。這一百年來，不就是這麼過來的嗎？為什麼現代一切都向西方看？因為西方已經有一套完整的利益體系，一整條龐大的利益鏈。這才是中華文明精髓被強壓著難以復興，其背後真正的內幕。所以中華不能出大師，一旦出現了大師，從上到下，一定打壓，甚至在肉體上消滅他。是不是這麼回事，大家心中自有感覺！

所以，真的是不容易！宏揚傳播傳統文化，我們都有一腔熱血和情懷，都希望國家和民族能夠早日發揚光大、早日復興崛起，每一個炎黃子孫心中都這麼希望。雖然，

的確人間正道是滄桑，這條路實在真的不容易，但是，也必得有先行者。誰來做這個先行者？誰有勇氣真正做那個傳燈人？真的能夠發出這個大願，掌握這套智慧以後，再去點燃無數盞燈，讓中華大地在無盡的黑暗當中，先有點點星光，之後星星之火可以燎原，讓神性文明的曙光再次照耀中華大地！那是需要一大批先行者的，雖然先行者很多都變成了先烈，但這就是歷史的使命、歷史的必然。

第二節
古人重祭祀從社會到家庭
占卜破五識掌握命運跳躍

　　祭祀和占卜是經典中不斷反覆強調的事，為什麼講了語言、文字以後，直接就講祭祀和占卜呢？因為祭祀和占卜在中華上古遺留下來的古籍裡，占著最重要的分量，所以放在前面講。其實，我在語言文字之後接著講祭祀和占卜，就是開始進入經典了，這些都是經典裡的東西。比如祭祀，把甲骨文拿出來破譯就會發現，其中有太多祭祀的儀式和儀軌，以及祭祀之後天地人之間的變化。東方中華有祭祀，那西方有沒有祭祀呢？西方當然有，甚至西方的祭祀已經深入到全民的生活中。

　　西方的祭祀是什麼？他們信上帝耶和華，眾所周知西方人都有禱告的習慣，不管基督教、猶太教還是伊斯蘭教，每天都有定時的禱告，這就是祭祀的儀式。西方人在吃飯前，一家人都得做禱告，感謝主賜給我美好的食物，這種禱告就是祭祀儀式。再比如，心裡覺得自己做了不對的事，或者有極大的困惑，就到教堂去懺悔、告解，即使在家中，

每天也會在十字架前禱告。因此，西方人其實每天都在做祭祀。

中國現在早已沒有了祭祀儀式，而中華古代可是有的，我們有系統完整的方式和儀軌、有宗祠，有一整套祭祀體系在家族中。包括我們的社會體制，什麼時候形成的，延續到什麼時候？我們的社會體制有什麼好處？這些都與祭祀禮制息息相關。

華夏文明從夏、商開始，到周初時期，一套完整的社會體制就已經成熟，即使後來改朝換代，這一套社會體制都不會變，一直到 1949 年以前都是整套的延續著。不管外族侵略與否，中華的社會體制一直很穩定，整個社會的包容度也特別強。只是新中國建立以後，這套體制才被徹底推翻、徹底破壞。關於家族和社會體制方面的內容，這兒先不展開，以後再詳細講。

現在回到祭祀和占卜。為什麼古書裡，祭祀和占卜內容涵蓋了絕大部分篇幅？因為太重要了。學國學，除了對語言文字的不斷深研，緊隨其後就得研究祭祀，平時如何心存敬畏，上祭天、下祭地、中祭祖先，這是信仰的基礎，文化都是從這裡來的。想舉行祭祀儀式，心裡要對祖先、上古之神、宇宙自然規律，有敬畏、崇拜、遵循、繼承、

傳承之心；需要有這個心，才能和祖先、上古之神、天地之間的力量真正連結，智慧才能迸發而出。否則，你現在與上古智慧、與自己的祖先都是隔絕的，怎麼能獲得天地的力量呢？

這就是祭祀的理、祭祀的智慧，你覺得這是迷信嗎？如果覺得這是迷信，全盤都無法接受，你就是唯物主義者，上不認父母、祖先、上古之神，下沒有大地的自然運作規則，只要能賺到錢就行，生活舒服、感官刺激就行，如此就認為這輩子並沒白活。那麼想想，你這麼活和動物有什麼區別？

人和動物到底有什麼區別？我們這一生真正的目的是什麼？我們是來昇華的，不是來讓自己墮落的。人死以後，為什麼會墮落成動物？墮落成惡鬼，下地獄了？就是因為你這一生本來能夠昇華，結果卻不斷墮落；不信天地有道、不信祖先有靈和自己相連，整天受著唯物主義教育，相信人死如燈滅，沒有前生、沒有後世，也沒有輪迴，什麼都沒有。即使是接受西方的教育，哪怕你心中有個上帝，都還有點信仰、有點方向，都能往上走。人生真正的目的是來昇華的，這一定要清楚。

而占卜是什麼原理？首先，占卜就是預測，中華祖先

把占卜預測看得極為重要。為什麼？人們為什麼要學這些智慧及方法？為什麼要掌握自然規律？為什麼要掌握人心人性？人到底要把握什麼？因為，人本身就是宇宙自然的一部分，掌握了宇宙自然規律，就掌握了人的發展規律。我的命運到底掌握在誰的手裡？我的命運是怎麼形成的？命運是由我每個階段做的決策所形成，每個決策都是一個點，每個點相連，就是我命運的曲線圖。

我們每天都在做各種各樣的決策。有決定人生方向的大決策，有中午吃什麼的小決策，一旦一個決策錯了，人生可能一下就跌入低谷。關於人生大的決策，比如事業大方向的抉擇，高考該報哪所學校、哪個專業科系，這都是人生的大抉擇。找對象的時候，有五個人在追求我，我該選擇誰？這些都是人生的大決策。這些決策如果有一個做錯了，你的人生在某個時點就可能直接落入低谷，後面萬劫不復都有可能。

我們的命運由什麼構成，是怎麼來的？看似有的人命運好，有的人命運坎坷，我們一直說命運是心造的，這麼說太虛、太抽象了，我的心在哪兒？到哪裡找心？真正落地的說，我們的命運就是自己決定的。為什麼？因為每個決策都是自己做的，並沒人強迫，而大大小小的無數決策，

每一個決策都是一個點，所有的點用一條線連起來，就是我們人生的命運走向。

命運就是牢牢掌握在自己的手裡，我們希望每個決策都正確，但問題是，我們根據什麼來做這些決策？考大學選擇志願，這是人生方向的重大抉擇，是先選擇學校，還是先選擇專業科系？一個決策定下來，人生的路截然不同。大學畢業以後，到哪個單位工作？這些都屬於重大決策，應該根據什麼來判斷？我們每個人都想變好，然而怎麼才是好？怎麼才能好？這就是智慧。

而我們在做決策的時候，基本上都會先收集資訊、素材，再進行分析、推理、判斷，然後做決策。收集的資訊是過去的經驗和當下的狀態，用頭腦進行分析、推理，過去什麼樣，現在什麼樣，以後會怎麼樣，然後再判斷和決策。

看我們考大學的過程，就發現特別明顯，選擇報考哪個專業科系，跟當下的時事直接相關。比如上一輩特別強調：「學好數理化，走遍全天下。」那時候理工科熱門，工程師、科學家、技術高階人才特別吃香。在當時來講，有知識有文化就是最好的，人們受時事影響，覺得這樣選擇，以後一輩子都能好。然而，多年以後，後悔了，技術

人才天天辛苦忙碌，做不了管理，也當不了官；反而當年學習不好考不上理工科的，沒有辦法的權宜之下選擇了政治學院，結果畢業以後做政工，升官特別快，後來還領導著曾經學業優秀的人。中國改革開放後某個時期，大學學外貿特別熱門，高分的都擠著報外貿專業，結果畢業後外貿形式不好了，都失業了。這就是一般人的決策，根據當時的狀態往後推理就以為沒問題了，如此做出決策。

找對象更是明顯，說一說很可笑的。一九六〇年中國遭遇自然災害的那個年代，找對象都希望找什麼人？食品商店賣貨的、食堂的職工特別吃香，因為那時候沒飯吃，找個賣貨的能把好吃的先留給自己，食堂打飯的能多給你兩勺。後來汽車出現以後，司機就特別吃香。有一段時期，軍人特別吃香，大家都覺得軍人是英雄。

舉這些例子的意思是，人的每個決策都直接影響一生的命運，關鍵問題就是這個決策怎麼做的？人都是根據過去的經驗、當下的狀態，推理後面會發生什麼，會怎麼樣？都是這種感覺。自然災害年代，人們只求一口飽飯，就覺得未來永遠都缺飯吃，所以希望找一個在食堂工作的對象。這就是人在意識層面的分析和推理，以此來做判斷就是線性的思維。

等發展到了生活幸福、不愁吃穿的時候，人們不會居安思危，很難往災荒的方面想，除非有大智慧的人能看到前兆。普通人吃喝玩樂，不會去想哪天發生瘟疫怎麼辦，發生大地震怎麼辦？哪天貨幣貶值怎麼辦，沒有飯吃怎麼辦？每個人都有一種慣性思維，當你過著什麼樣的日子時，就覺得生活永遠都會這樣，這就是邏輯化思維模式，給我們造成的感覺是什麼樣，就會往這樣的方向想。

　　所以，古人一再說，這不是智慧，讓我們不要在這方面過多的用功，告訴我們看到的都是假相。時代的變化、宇宙的進化不是漸進式的，不是進化論所講的，在一種平衡狀態下，上億年不斷的進化。宇宙的進化規律是跳躍式、突變式的；人生與社會也是如此，整個社會的規律就是跳躍式、突變式的。

　　所以古人講，易就是變，生生之為易，是一直在變的，但其中又有不變的規律。我們把握不變的規律，然後去適應變，這就是占卜的真正意義所在。為什麼人們用邏輯思維分析推理時，總在關鍵時刻出問題？因為只用意識看世界太狹隘了，我們看到的是明處，在明處觀察到的那個點，太狹隘、太局限了。邏輯思維真正要做出正確判斷，其實跟邏輯推理能力沒有太大關係，用邏輯思維做出正確決策，

有一個非常重要的前提是，一定要有足夠多的數據。要做一個判斷，一定要有足夠大量的基礎訊息，如果沒有足夠的訊息量，僅憑很少的資訊量，做出的分析、推理和判斷，以及最終決策，基本都是錯的。

宇宙這麼龐大，人的眼睛就只能看見那麼一點點，耳朵就只能聽到一點點，知覺就只能感受到那麼一點點的空間。這就意味著你在這麼小的訊息量的前提下，面對那麼龐大的宇宙，有再強大分析、推理、判斷能力，都是沒有意義的。

因為受我們的五識所限，我的視覺只能看到很有限的一點光譜範圍，我以為看到了全世界，那只是我自己以為。我的聽覺就是 20 赫茲到 20000 赫茲的範圍，次聲波、超聲波都聽不見，所以人能聽到的聲音在宇宙中也太局限了，但是我以為聽到了全世界。

狗有狗哨，人吹狗哨的聲音自己聽不見，但是狗距離很遠也能聽見。人的視覺不如貓頭鷹等很多動物，聽覺不如狗、貓、兔子。我們就在自己感知到的「我的世界」中，用我自認為強大、正確的邏輯、分析、推理、判斷能力來做決策，怎麼能做出正確的決策呢？學西方的任何邏輯學，都要有足夠的訊息量做基礎，在這個基礎上，按照正確的

邏輯，再去分析、推理、判斷，這樣做出的決策才有可能
貼近真實。

　　也就是說，對於整個宇宙，我們以五識所能感知、獲
取到的宇宙訊息不超過 2%，還有 98% 的訊息是我們完全
感知不到的，而真正起決定作用，決定自然向前發展的，
是那 98% 的訊息。區區 2% 能決定什麼呢？你卻把自己命
運發展的所有決策都押在那 2% 上，你的人生就是迷茫的，
就經常做出錯誤的決定。有人問：「那 98% 已經超出我感
知的範圍了，我怎麼知道那 98% 到底是什麼呢？」這正是
我們要講的，這樣大家應該明白，不能僅僅根據邏輯思維，
分析、推理、判斷做決策，現在就是在講這個理。

　　那 98% 的宇宙訊息是人們根本無法掌握、無法感知
的，該怎麼知道那 98% 是什麼呢？然而，人的命運當然是
那 98% 的訊息決定的，就像海面上的冰山，就像弗洛伊德
（Freud）提出的冰山理論。鐵達尼號（Titanic）曾是世界
第一豪華遊輪，行駛在大海上撞到了冰山，整個遊輪就沉
了，開始以為撞的肯定是座很大的冰山，但在電影裡只看
到海面上一座很小的冰山，怎麼就能把鐵達尼號那麼巨大
的遊輪撞沉了呢？冰山在海面上只露出一個尖，其實就是
2% 左右，絕大部分的體積都在海平面以下。其實人也是

一樣，人們所能感知到的宇宙世界訊息，就如同露出海平面的冰山一角，下面 98% 的訊息我們根本就感知不到。

當我解決了這個問題，掌握了那 98% 的訊息，就能掌握好人生走向，我人生的決策都能是正確的決策。如果有決策錯誤的情況，一定是訊息量不夠，這是首要條件。在訊息量足夠的前提下，然後再說邏輯化，再說分析、推理、判斷能力。如果訊息量不夠，後面有沒有邏輯、有沒有判斷力沒什麼不同，往往做出的都是錯誤的決定，即使偶爾做出正確的決定，也是瞎貓碰上死耗子，運氣好碰上了而已。這就是基本的理。

而中華祖先從上古給我們傳下來的智慧，就是告訴我們怎麼解決這個問題，祖先教我們的解決方法就是占卜，透過占卜來解決這個問題，這就是占卜的意義，就是占卜的理。

第三節

占卜通幽
知天地人信息掌自我命運

　　占卜是什麼意思？最簡單的解釋就是，讓我們有方法能夠知道眼睛看不見的地方，古人稱為「幽」，即幽暗處、幽冥處的訊息，及其真實的狀態，當我知道那些以後，再來做判斷、做決策；而不是只相信我的眼睛和耳朵。要放下我的眼睛和耳朵所獲取的僅僅 2% 的資訊，而要向內來看，看那些眼睛看不見的信息，看那個世界。

　　我們人有兩個世界，一個是「幽」，即知覺感受不到的世界；一個是「明」，即知覺能感受到的世界。真正想做正確的決策，一定得知道幽暗處的世界發生著什麼。其實，上古之神教給中華後世子孫的就是這些內容。這並不是迷信，幽暗處並非不可知。這是西方沒有的，但是西方夢寐以求的，他們想知道、想學，甚至想都不敢想的。而中華老祖宗在幾千年前就手把手的教給了我們，古時的聖人把這些都寫在經典中了，我剛才說的話都是解讀經典中的話。

那麼現在就來看經典，占卜的基礎是就是《易》。《易經》絕不是中華祖先發明的宇宙規律哲學，當然這裡面包含著宇宙的規律和哲學，但是本意不僅僅是讓人們學和背的，《易經》是教我們用的，就是占卜之書。不要把《易》當成哲學，不能像大學教授似的，翻開《易經》就是教大家乾德、坤德是什麼，震卦、丕卦是什麼意思，講一套人生哲學，這就完全喪失了祖先教我們《易經》的本意。

祖先傳下來《易經》，是讓我們能正確的做出每一個決策，如此我們的人生才能掌握在自己手裡，這才是本意所在。透過《易》怎麼做出正確的決策呢？首先，《易經》到底是什麼？是怎麼來的？對中華上古神授文明體系，講述得最清楚、最直接、最徹底的就是孔子，而孔子最透徹的講述就在《易經》的《易傳》，即《十翼》中。我剛才講的這些，都是孔子《十翼》之中《說卦傳》和《繫辭傳》裡的話。

《說卦傳》第一章：

【昔者聖人之作易也，幽贊於神明而生蓍，參天兩地而倚數，觀變於陰陽而立卦，發揮於剛柔而生爻，和順於道德而理於義，窮理盡性，以至於命。】

《說卦傳》第二章：

【昔者聖人之作易也，將以順性命之理。是以立天之道，曰陰與陽；立地之道，曰柔與剛；立人之道，曰仁與義。兼三才而兩之，故易六畫而成卦。分陰分陽，迭用柔剛，故易六位而成章。】

上面兩段是孔子《十翼》之《說卦傳》中的兩章，整篇《說卦傳》講的就是《易經》的由來和用處。第一章「昔者聖人之作易也」，昔者聖人就是指孔子之前的上古神人，《易》不是人寫出來的，不是人累積出來的，是神人們留下來的，他們為什麼給後世留下《易》呢？

「幽贊於神明而生蓍」，幽就是我們感知不到的大部分世界；在感知不到的世界裡面就有神明所在，我怎麼能知道神明呢？怎麼能知道幽暗世界裡的一切呢？在此教給我們方法之一是用蓍草。蓍草很神奇，只生於兩個地方，一個是曲阜孔林，另一個是河南安陽當年囚禁周文王的羑里。蓍草是通靈之草，可以活千年，時間越長，顏色越呈紫黑色，似鐵色，而且時間越長越靈驗，可通神明。傳說生長百年以上的蓍草底下，基本上都有靈龜、有神龍，即是說蓍草下面有靈物托著它，是靈物身上長出來的。想要占卜一定得用蓍草，蓍草很早就開始起用了，周朝時候用

菁草做占卜就已經很普遍了；商時多是用龜殼做占卜，把龜殼燒裂，根據裂紋做占卜。

古代有四種占卜法：第一是人占，第二是卜占，第三是莁占，第四是夢占。人占也即神占，用通靈之人來預示未來。以前的氏族部落都有聖女，即純潔通靈的少女，通神、通靈的人，也即「巫」。巫必須是兩個人，即一個人帶著另一個聖女來占卜。卜占，指用龜殼將之燒裂，用燒出的裂紋來占卜。莁占，就是用菁草擺卦的形式，擺卦找到爻，根據卦象、爻辭來判斷吉凶。夢占是透過做夢，占卜夢的意義。

關於夢占，歷史上有個有名的典故。周文王在羑里被囚禁七年，甫被營救回到西岐之時，仍是位落魄逃亡的諸侯，他想發奮圖強，富國強兵，實現自己的理想與抱負，但還不能成行，天天飯吃不香、覺睡不好，希望得到一位掌握一整套智慧的神人來輔佐自己。一天晚上他做了個夢，夢到一隻大白熊從遠處飛奔過來撲到自己身上，一下驚醒，他嚇出一身冷汗，然後找來占星官說了這個夢。占星官根據夢裡對熊的描述起了一卦，一看卦象就知道，輔佐周文王的神人要出現了，必須往卦象中所示的那個方向去，就能遇到這個人。周文王馬上駕車往著那個方向前去，走了

好久，又餓又渴，走到渭水河邊想休息一下喝點水，一下車就發現河邊坐著一個老者在釣魚。釣魚老者半天沒有動靜，周文王便靠近仔細一看，發現他的魚鉤都是直的，也沒魚餌。周文王很詫異，就問老者怎麼回事，結果老者對周文王說：「願者上鉤。」周文王一聽這句話就被觸動了：「這就是我要找的人啊！」從此，姜太公連續輔佐周文王和周武王，建立了周朝八百年的天下大業。

這就是透過一個夢進行占卜的夢占。夢占的歷史案例很多，歷史上發生的好多事都跟夢有關，夢占也是有明確的原理的。上述四種占卜法中，人占最直接、最簡單，但是要找得到這樣通靈的人；修行上來講叫雙修，人和人一起，用人來占卜，這必須有密傳，只有接受密傳的弟子傳人之間才可以進行。

卜占是用龜裂，即燒龜殼看裂紋來占卜，是商朝所用的基本方法。現在龜裂占卜已經失傳了，怎麼根據龜裂看吉凶，雖然甲骨文有很多記載，但只記載了占卜吉凶的結論，而沒有具體的方法。在夏朝之前是以人占為主，現在只有筮占留傳下來了，用蓍草定八卦、定卦相、定爻位。這套方法沒有失傳，因為孔聖人明確的寫到了經典裡，現在的人才知道怎麼用蓍草來做占卜，具體方法和原理作用，

孔子在《繫辭傳》裡都有明確詳細記載。

　　真正的儒學大家，一定都是筮占的高手，包括宋末興起的理學。一說理學，大家會認為這沒有迷信，認為理學是考據派，講究仁義道德禮智信，但是基本上所有的理學大家，同時也是占卜高手。後來歷史各朝代出了很多帝師，都是理學大家兼占卜高手。事實上，所有的通達儒學的大家，沒有不是占卜高手的。而他們的人生導向、重大決策，都是要透過占卜做出。

　　這幾章會好好把占卜的原理、作用講清楚，同時要把占卜的具體方法，即孔聖人用蓍草占卜的方法，初步教給大家一點。學國學只明白理，或者只是感覺有意思，這是不行的，一定得用。國學，尤其是儒學要落地起用，一定是從占卜開始，把占卜學好了，你學的儒學才可以說能用。否則只學了一大堆道理，根本一點用都沒有，不過就是掌握了 2% 五識感知到的世界。學占卜的意義，就是要瞭解我們感知不到的 98% 的世界的訊息是什麼，即是「幽贊於神明而生蓍」，要怎麼利用蓍草生成卦象，列出爻，配合爻辭而定吉凶，指導我的方向。

　　「參天兩地而倚數」，這其實就是在教我們方法了。參即是三，三是奇數、兩是偶數，三天配兩地就是五，我

們解卦的時候，用的都是奇數，棄偶數。這就屬於方法的內容了，需要以後詳細講。「觀變於陰陽而立卦」，立卦的基礎是陰陽，由陰陽的定理定律而立卦。「發揮於剛柔而生爻」，陰陽是天之道，剛柔是地之道，由天道而立卦，由地道而生爻。「和順於道德而理於義」，「道德理義」這是人道，我們要符合人道的規律。這段話的意思是：我要透過陰陽，識天道而立卦，掌握地之規，卦有象，爻有變，最後做決策的時候得透過人道，由人來做決策。

「窮理盡性，以至於命。」我透過天地人的變化，又透過蓍草，把天地人的信息全都展現在面前，就知道幽暗之處那個神明是什麼樣的發展過程，由此而最終做出決策。只有把天地人三道都掌握了，都能運用了，都能知道具體的呈現是什麼了，我才可以說「窮理盡性以至於命。」這個「命」字即是指：只有在這種狀態下才可以說，我的命運是掌握在我自己的手中，天地人，缺一不可。

人們現在透過邏輯推理判斷做決策，根本就不知道天道是什麼，只知道一點地之道、人之道。當不知天道的時候，天道就是幽，幽暗世界98%的信息都在天道；地之道是眼中所見、耳中所聞，只有2%；而人在做任何決策時，一定是在天道和地道盡知的前提下，這才是窮理盡性，才

能做出正確的決策。

　　所以孔聖人在告訴我們，上古神人為什麼要作《易》留給後世，不要去背，要學會怎麼用《易》，因此就一定要把占卜學好。現在學的占卜是用蓍草做筮占。這一段就是聖人所講的理：占卜為什麼會有效？人的命運為什麼會掌握在自己手裡？為什麼用邏輯思維、分析、推理、判斷做出的決策往往是錯誤的？在此主要把理講清楚之後，接下來即是講卦怎麼形成，為什麼卦能把幽暗之處的神明訊息徹底呈現出來。

第四章

華夏文明超前科學
中華占卜實用整體

第一節
最高境界是東西方融合
歷史如人生循環重複

前面數章，相對系統性的把國學、華夏文明體系的淵源和基本框架整理了一下，比較宏觀，不是很細致。國學文明體系博大而精深，想把國學體系的根源挖掘出來，又把脈絡理清，非常不容易。這不僅僅是時間和精力的問題，更重要的是，真正要清楚整個華夏文明體系，首先得具備超學科的、跨界的各種知識儲備，不是僅掌握經典，就能把這套體系理清的。

但首要的，所有的文明體系不離修行，如果不是修行人，僅僅是研究經典、研究史學，或是研究神學的人，是永遠無法勘透這套文明體系最深層的根性所在的。其實中華這套文明體系貫穿於修道之中，是一整套的修行體系，所有分支的玄學、帝王學、陰陽學、墨家、法家等學說，都是從這套修行體系中分化出去的。中華這套文明體系最大的特點就是，一出現即是一套完整的、成熟的文明體系。它一出現就是最高境界，後面所有的諸子百家，各個領域

的佼佼者都是沿襲、繼承、應用著這套體系，在這套根源的理論體系下不斷分支。

　　華夏文明體系中，從沒有後來人發明自己的東西去否定前面的體系，歷史上都沒有。整套文明體系從伏羲起創，到神農氏、燧人氏，再到黃帝、堯舜禹，以及後面的夏商周，一直到滿清及民國，一套文明一脈傳承下來，各個領域都是在這套體系下發生發展、落地實用，沒有後來的否定推翻前面的，這是中華跟西方最大的不同所在。

　　我們大概比較一下就可以知道，孔子所處的年代大約是公元前五百年左右，西方的哲學開始有一點點曙光，西方哲學之父泰勒斯（Thales）和孔聖人差不多是同一個年代的人。泰勒斯揭示的宇宙運行規律中，提出宇宙的一切是由水構成的，太簡單了。而孔子當時揭示出的整套儒學體系，系統展現了宇宙自然規律的真相以及運行規律。就在那個時期，孔子已經完整提出了陰陽、三才、四象、五行、八卦，從整個宇宙的誕生，發展運行符合什麼規律，到終結，再重新起始，這一整套宇宙自然運行規律都在他的著作中系統揭示出來了。而且孔子還一再強調「信而好古，述而不作」，即是說這並非他自己的創作，是上古之神留下來的，昔者聖人所作。

這一整套文明在中華大地，早在萬年以前就已確立，這就跟西方哲學不一樣。哲學即是對世界、對宇宙，對人生發展過程的基本認識觀念，對於西方，哲學家是最有智慧的人，即相當於中華的聖賢、聖人。泰勒斯提出宇宙萬事萬物是由水構成的，結果他的弟子卻反駁他，說老師泰勒斯說得不對，重新提出宇宙是由火構成的；然後弟子的弟子又把祖師和老師都否定了，提出宇宙不是由水和火構成的，其實宇宙是由氣構成的。

　　他們的論述完全沒有體系，非常凌亂，是碎片式的，因為並不是神授的。西方所謂的智者，根據自己觀察某一種現實的現象，來得出一個結論，所以是碎片式的，而非提出伊始即是一套完整的體系。包括對數學做出了很大貢獻的亞里士多德（Aristotle），他也否定了他的老師柏拉圖（Plato），說柏拉圖的數學是不對的。亞里士多德是現代西方科學意識啟蒙過程中比較重要的學者，他提出的理論學說涉獵較廣，包括了數學、幾何、古希臘文明、文藝等等，但是可以發現，所有他所提出的理論學說都是碎片，沒有一個整體的體系，各種觀點相互都不認同、相互否定。但是西方的科學，就是在不斷否定前人的過程中發展。

　　這種發展方式和東方的文明體系不一樣，我們東方不

去否定，而是繼承，都是「信而好古，述而不作」；中華的祖先、聖人、諸子百家的學說，我們首先是認可和接納，在這個基礎上再來發揮自己的應用分支體系，而不是把前面全都否定。

因此，學習國學的時候，心裡一定要有個大框架。在此我將這個框架呈現出來，其實就是個方向，你就按這個方向去想去看，學習就會事半功倍。這是一套有淵源的體系，把根找到，再把脈絡釐清，學起來就很方便了。同時，我們也會把東、西方體系的優劣不斷比較，看看到底是西方有優勢、還是東方有優勢。不管是從哲學思想的角度、對宇宙自然認識的角度，文藝角度、科學角度、醫學角度，還是從解決現實困惑等的各個角度來講，西方有西方的優勢，東方有東方的優勢，最好、最高境界的，一定是把東方的智慧體系與西方的優點融合起來。

我們既不能偏執的說東方好，也不能偏執的說西方好，這樣都是不對的。未來世界的發展方向，必是趨向於融合，趨向於大同，這是一定的，是大趨勢。否則，東西方不斷分裂，宗教信仰不斷分裂，未來人類只有一個結局，就是毀滅。而這個結局絕不是地球毀滅，而是地球上的人類毀滅。如果兩股文化、兩股智慧、兩股信仰再這樣衝突、

分裂、對抗下去，人類一定會自己毀滅自己。地球上的生存之道，要想長久，一定有個大融合、大一統，一定會有一個大同世界出現，這樣地球才能長治久安。而其實現在的地球已經變成地球村了，開始出現了融合的趨勢。

所以，我們現在學國學不能狹隘，不能只學一個小碎片，那是沒有意義的。比如學宋史、先秦史也好，學世界史、羅馬史也好，其實都只學了一個碎片，只是記了一些時間、年代、人物，以及發生的大事件。那樣根本就看不透歷史的發展進程。

之所以要學國學、學歷史，首先是要以史鑒今，因為歷史永遠是循環重複的。也許你會問，為什麼是重複，歷史就沒有更新、創新嗎？沒有，事實就是沒有。宇宙自然發生發展的規律就是亙古不變的，人心和人性就是不變的，在這兩個不變的前提下，歷史一定是不斷重複的，不會隨著時間的改變和人口的增加而有所不同。

就像作為一個人，我們會有這種感覺，七歲開始到學校學習，逐漸長大成熟的過程中，對世界宇宙的認知、對人事物的看法及觀念，不斷隨著我的學識增加，隨著接觸的人不同、接觸的外部環境不同、接受的教育不同，而逐步提升、完整；也就是隨著年紀漸長，人就越成熟，

做事的模式、觀念知見，方方面面都越來越成熟，等到了八十、九十歲就已經閱人無數，做人做事接近圓滿，一定會比年輕時成熟得多。告訴各位，這個想法只是你認為，其實是個錯覺，事實根本不是這樣。

我們七歲步入學堂，開始學習成長直到八、九十歲，即是從無知開始，不斷完善自己、成熟自己，到老就很圓滿、很成熟了。如果你不修行，你會認為如此想法就是真理，會以為你的這一生隨著接觸外部環境、外面的人，隨著不斷的學習，不斷的完善成熟。你會認為這個想法是對的，但是在此明確告訴你，這是不對的。你的人生之路，你的人生發展，你的成熟度，你處理問題、看待問題的觀點、角度和模式，根本不是如你所想像的越來越成熟，不斷的改變與圓滿。其實真相是，人在七歲的時候，一生已經固定下來了。但是我們的感覺，覺得七歲才剛開始學習，一生剛剛展開序幕，這是大錯特錯的，完全不是你認為的這麼回事。

中華老祖宗告訴過我們，一個人的發展規律濃縮於一句老話：「三歲看大，七歲看老。」這在儒學經典裡有很詳盡的描述，其實就是告訴我們，人在三歲的時候，人生三分之二已經註定；等到七歲時，一生就已經全部註定了。

如果不從經典中學習真相、找到真相，你所認為的真相與真正的真相之間，基本上全是顛覆的。

西方科學家、心理學家怎麼看這個問題呢？事實可以證明，現在從西方腦神經科學、心理學發展的思路和結論，都在切實驗證著中華老祖宗所說的答案，即「三歲看大，七歲看老」。七歲時，人生就已經定型了。

從西方心理學來講，我們知道弗洛伊德是西方偉大的心理學家，他在十九世紀後半期發現了潛意識，至今不到兩百年時間。而中華老祖宗什麼時候發現潛意識的呢？解讀《易經》時可以看到，伏羲那時候就已經明確告訴我們有潛意識存在了。西方看來很偉大的弗洛伊德，在中華就不能稱之為偉大了，他所有震驚世界的論點，所有對人類行為深處的動機和真相的發現與把握，都與東方的聖人差距甚遠。從心理學上，對人的最深處的瞭解和理解方面，也差得太遠了。

先不講孔子，僅是將西方心理學和中華的《黃帝內經》做一下對比。《黃帝內經》成書距離現在二千五百多年，於戰國後期彙編而成，其收錄的原始內容的成書成文年代，都可能是一萬年以前的上古時期了，是中華民族一直秉承延續下來的。

而此處要講的是，弗洛伊德對人的行為模式，提出了非常有名的一句話：「六歲以後沒有新鮮事。」即人類到了七歲時，思維模式就已經固定下來了，對人事物以及宇宙規律的認識、最深層的觀點、觀念，包括自我的認可和否定，模式在七歲之前就已經完全成熟，甚至已經改變不了了。依照弗洛伊德提出的說法，從七歲開始做的任何事，哪怕活到九十歲，也是循環重複七歲以前的你。人不會因為閱人無數，或者經過了多少學習而去改變，這是很困難的。

　　只有一種情況真的有可能會改變。在中國，當你走向修行這條路，才真的有可能改變自己七歲以前所建立的所有觀念和思維模式，包括心理定勢。如果沒有走上修行這條路，只在現實中不斷的累積經驗、學習知識，是改變不了的，永遠做不到深層內心的轉變的。

　　以西方心理學、腦神經科學，就這方面的話題展開，我可以講很久，就說弗洛伊德為什麼會得出這個結論，我們透過西方心理學的角度來闡述，更重要的是透過腦神經科學好好分析就會清楚，為什麼三歲時你的人生註定了大半，七歲時你的性格、秉性、情商、智商、心理定勢、對宇宙的認識、觀念、對自我的評價等等人生重要的東西，

已經全部定型了。

有的同學聽了以後心裡感覺害怕：「七歲以前我還不懂事呢！還不懂事的時候，人生就註定了，真的很可怕！怎麼註定的啊？誰給我註定的啊？」其實，就是你的父母、你的家族，尤其是與父母互動的過程中，七歲後的人生就已經註定了。在媽媽懷著你的時候、哺乳期餵奶的時候、牙牙學語的時候、學走路的時候、自我意識開始萌芽的時候，媽媽是怎麼與你互動的，三歲以後爸爸怎麼教你看待世界的，爸爸是怎麼評價你的，爸爸是如何跟你互動的，這些就已註定了你這一生的智商、情商、脾氣秉性、心理定勢、思維模式、對宇宙的認知。一些最基本的知見就都已經形成了。

人對自我的評價，是什麼時候產生的？就是三歲到七歲之間，七歲已經固定了。七歲之前，如果父親在與你的互動中一味的貶低你，用負面打壓的方式進行鞭策教育，怕孩子過度自滿、狂妄自大，就算孩子再優秀、表現得再好，也從來不會誇獎、不鼓勵自己的孩子，父親這樣的對待方式，再優秀的孩子長大以後，內心當中深深的自卑永遠都抹不去。

在這裡再告訴大家，對於七歲以前的孩子，父母對孩

子說的每一句話，都會深深印刻在孩子心裡，是永遠抹不掉的；對孩子說的每一句鼓勵的話，都會變成孩子一生的動力和祝福；說的每一句否定、斥責的話，都會成為孩子一生永遠抹不掉的魔咒。先記住這一點，後面有機會我們有機緣詳談教化之道時，再系統性的講一講這方面。孔聖人是教化眾生的教育家，教化之道是一整套體系，我們要結合祖先的教養學，也要結合西方的心理學、腦神經科學、胚胎學、營養學、量子物理學等等很多跨學科的內容，才能形成這一套完整的教化之道。

現代西方科學界得出的科學實驗結論，基本上都在驗證中華老祖宗告訴我們的真相。而中華老祖宗和西方的不同之處在於，中華祖先直接就告訴我們的，開頭並沒有一個推演的過程，整體的智慧就在一句話中來：「道可道，非常道。」一句話直接傳遞。後面的「無極生太極，太極生兩儀，兩儀生四象，四象生八卦，」才有一個推演過程。但必是第一句話就傳出來，首先告訴我們結論，就算有所推演，也不是西方那樣邏輯化的、一步步的推演。西方的優點是精確、精準，邏輯性強，有推理判斷，一整套實驗數據推理，讓人很容易理解、信服。而中華祖先智慧是整體性的，一句話表達出來：「三人行，必有我師焉。」就

這麼簡短的一句話，但分析起來深意很多，透露的訊息量非常大，全是立體的，其中每一個字都是立體的。

《鬼谷子》開篇說：「粵若稽古，聖人之在天地間也，為眾生之先。」一開始就這麼一句話，然後整本書都在講解這一句話。不像西方總有個推演，要說三歲看大，七歲看老，心理學按照心理推演法推演，腦神經科學用各種實驗數據推理，最終才能推演、推理得出結論。所以，中華是整體性，西方是碎片性，我們不斷的比較認識，是為了要能夠形成一套東西方融合的體系。

首先，心裡別有太明確的對錯之分，不要覺得我就是對的，別人就是錯的；也不能說我就是錯，別人就是對。兩相比較，這就是陰陽，是客觀性、辯證性。西方推演有什麼局限性呢？西方都走進化論路線，透過客觀現實世界的現象，一點點分析背後的規律，這樣的問題是太慢了！

我們眼見的東西，包括用顯微鏡能看到的東西，也不外乎宇宙事物現象中的 2%-5%，接近 98% 的現象是人的五識根本感知不到的，借助天文望遠鏡和顯微鏡也看不見。不要以為西方量子物理學已經發展到很深的程度，分子、原子都能看見，質子、中子等基本粒子也能看見，其實很多都是推論，即使透過有形的儀器，最終能看到的也不超

過 5%。這就是西方的問題，只是用能看到的 2%-5%，去推演看不到的 95%，怎麼可能實現！

　　但是西方的實證性、落地性有其長處，其實證科學和應用科學，只要有一點發現，就能製造出儀器來應用，這是與中華祖先東方大智慧的不同之處，是其優勢之處。東方太著重於把眼光放在那未知的 98% 存在，以及對這 98% 的觀察及運行規律的探究，我們稱之為對天道的探究。而現實中人事物的規律叫地之規，我們東方不太注重往地之規的方面發展、解讀和探究。中華自古以來的大智慧者，把眼光都盯在那根本看不見、摸不著，但又真實存在的98% 的天道規則、規律及應用方面了。中華祖先認為那才是人事物真正發生的根源所在，祖先對天道的研究、探究，運用、把握，真的已經到了高不可攀的程度，達到了巔峰境界。

第二節

占卜科學體系僅存東方
借假修真藉占溝通真我

　　講到這裡，有的同學應該基本看不懂了，但承接過我師傅的弟子肯定能理解。看似虛無縹緲，其實我們正在講占卜，講《周易》的預測學。占卜不是用來瞭解知道現實世界、能看見的世界的訊息，透過占卜得到的不是這些。在現實世界中所發生的任何人事物，比如一段感情、一個事業項目，或是一個人一生的命運，現實呈現的這些世間人事物、情感或者事業項目的走向和結果，根是由什麼決定的？祖先早就告訴我們，這不是我們眼見 2% 的訊息決定的，而是我們感知不到的 98% 的存在，才是人生之路的根源所在。占卜呈現的是看不見的幽冥處的訊息，這些訊息才決定了現實世界所有人事物的發生、發展、走勢以及結果。

　　如此表述，一般人不知能否理解，而我的弟子肯定能理解，一上山修道直接就整體教給他們了，不只是理的部分，更會帶領他們進入幽冥處，學習如何獲取那見不到的

98% 的訊息，瞭解它是怎麼發出來的，又如何用古老的方法去進入、解讀幽冥界，並運用這些訊息，去改變現實世界的人事物、事業、感情、人生命運。

我們講國學，就是講老祖宗的這些智慧方法，不僅理一定要先明，文字般若明瞭以後，知道方向了，再跟隨明師去學密法、密術。

對未知世界的觀察，西方的方法是發明各種儀器，比如看天空，肉眼看不見就發明天文望遠鏡，哈伯太空望遠鏡能看到多少億光年外的星球，如同肉眼的延伸，觀察宇宙天體星空如何運行。再比如肉眼看不見細菌，就發明觀察微觀的顯微鏡，看細菌、病毒、細胞。要觀察人的眼睛看不見的、耳朵聽不見的，西方是透過儀器來實現。但是西方的問題是，儀器的精密度就算研究到奈米級，也只能觀察到分子結構。

人體分「意、精、神、魄、魂」五層，宇宙也分五層，西方的儀器，只能到分子結構，分子結構就是現實世界最表層，我們叫「意」層。這是人能觀察到最細微的層面，但這還是在 98% 的未知以外，依然是人所能感知的 2%-5% 以內的部分。觀察到分子結構，卻還是觀察不到事物更深層、最本質發生了什麼機理變化，因此透過西方儀器根本

觀察不到那 98％的幽冥處。

所以，西方所有對世界的解讀都是碎片式的、片面的，雖然西方做出了那麼多的船堅炮利、飛機火箭、製造了宇宙飛船，還發明了那麼多方便的應用科技產品，生產出電腦、手機等等，但依然還是在宇宙的表層做文章，也就是在物質世界的層面做文章。

而真正現實中發生的人事物，其發生、發展的過程，根源都不是在表層，都是在我們看不到的、感知不到的 98％ 的存在當中。問題是，到底要透過什麼方法感知這 98％ 的訊息？又如何能夠進入到這 98％ 所在的幽冥處？我想找到這 98％ 的訊息中和我婚姻對應的這一段訊息，找到以後，怎麼樣運用規律去調整它？因為我現實中有一段不幸的情感，我要改變，要幸福！如果只是透過現實中去努力，這不對，因為這段情感問題發生的根源不在現實中，現實只是呈現，只是眼睛所看、耳朵所聽、觸覺所感，就是因為相信了這些知覺感受，深陷在知覺感受中，你就以為你看到的、聽到的、感受到的都是對的，都是你認為的那樣，所以你的婚姻才會越來越不順，越來越不幸。但知覺感受僅僅是表象，而不是根源，本質、根源是看不見的，因為它隱藏在幽冥之處。

「幽冥之處」聽起來嚇人，但它並不是迷信，其實就是西方心理學家弗洛伊德所說的潛意識。人的意識和潛意識，就像弗洛伊德提出的冰山理論。我們的意識，就像冰山露在海平面上的一小部分，占整個冰山的 2% 左右，意識就是人的五識所感知到的、我認為的、我看到的、我聽到的，占所有存在的 2% 都不到；然而真正決定了這座冰山走向的，不是你的意識、冰山露出的那一角，而是水面下 98% 的主體。弗洛伊德稱此為潛意識，中華老祖宗把這一主體部分叫幽冥處，馬上會從經典中講解到。

每個人就是一座冰山，這一生的走向、走勢，是由冰山露出的 2% 決定？還是冰山下面那 98% 決定的？決定冰山走勢的是海平面的風，還是海平面下的洋流呢？海面的風再大，再如何吹拂露出海面的冰山一角，也吹不動整座冰山。是那看不見的、海平面下的洋流，推動著 98% 的冰山主體前進。海面風再大也很難造成什麼影響，當然是推動下面 98% 的主體的、看不見的洋流起決定作用。這樣比喻就很容易理解了。幽冥處發生的事物，中華祖先稱之為天道，雖在幽冥處看不見，但決定了我們一生的命運走勢。任何的事業項目、情感、升官發財、有沒有孩子，全是幽冥處決定的，而現實中的一切則是「呈現」，根源都在幽

冥處。

那麼，西方有沒有占卜呢？西方只有一些神人，而絕對沒有一套行之有效的占卜體系。西方那套類似占卜的東西不是普通人能學的，都是當某些人有了神通、有大仙附體，就有預測功能了，但也是時靈時不靈。而真正的占卜只有中華有，這是一整套學問、一整套體系，每一個普通人都能學會。這是一整套科學，絕不是迷信。

占卜為什麼會有效果呢？經典不斷的在論述這個理，占卜呈現的是幽冥處，即是潛意識深處的訊息，我們知道，這是根源處的訊息。占卜就是透過上古之神教給我們的方法，把這些訊息投射出來。東方和西方對於潛意識深處或集體潛意識真正的研究，可不是一百、兩百年的差距，因為按西方的研究方向，基本上無法研究透徹、研究明白。他們研究潛意識，比如現在西方心理學流派的精神分析、榮格的分析心理學、格式塔（Gestalt）完形心理學、海靈格（Hellinger）家庭系統排列，那些方向都是不對的。後面我們將不斷的進行東西方比較，讀者可以再感覺看看是不是如此。

老祖宗的那套智慧體系，其高度是現代人難以想像的！我們可以用西方現在最先進、最前沿的各個領域的數

據驗證結論來比較，比較之後你就會知道，除了應用科技這方面中華不如西方，其他幾乎方方面面，西方僅僅就是皮毛，中華祖先基本上把最高的本質與核心都給呈現出來了。

《易經》呈現的就是宇宙自然規律、真相，也就是幽冥處的東西。我們現在先講清楚占卜的意義和原理，然後再講怎麼占卜。

《說卦傳》第一章：

【昔者聖人之作易也，幽贊於神明而生蓍，參天兩地而倚數，觀變於陰陽而立卦，發揮於剛柔而生爻，和順於道德而理於義，窮理盡性，以至於命。】

《說卦傳》是孔子親自作的，《說卦傳》就是講卦是怎麼來的，原理是什麼。「昔者聖人之作易也」，上古之神們為什麼要做《易》呢？聖人已經都會應用，再為人作《易》，即教人怎麼用。作《易》不是簡單寫《易》，寫《易》是寫書，作《易》是教你怎麼用。一定要記住，《易》不是讓我們學的，也不是讓我們背的，《易》是要用的。千萬不要把《易》背得滾瓜爛熟、出口成章，那一點意義都沒有。而作《易》的本意就是教我們用。

《易》的原理是：「幽贊於神明而生蓍，」幽贊就是指怎麼知道那個幽冥境界，即是潛意識的。幽贊於神明，是指神明就在幽冥處，神明是一切萬事萬物生成的根，起決定作用、主宰作用，特別明確、明晰，方向性特別強；決定和左右現實中一切人、事、物之發生發展的就是神明，發現幽冥處才能找到祂。「而生蓍」是指上古之神們為了把幽冥處的神明顯示於外，而發明了使用蓍來占卜。蓍是一種草，這裡指的是「蓍占法」，也就是上古之神發明了這種蓍占法。

　　所以說，為什麼要作《易》？《易》就是為了占卜，占卜就是要預測。我們要知道，現實中所有發生的與我相關的人事物，包括我的命運、感情、項目、財富、家庭、孩子……這一切的根源都在幽冥處，即潛意識當中有神明在主宰著，而這個神明在修行中就叫「真我」。真我不是肉身這個我，肉身這個我叫「假我」，我們所有的修行，都是為了與上古之神的溝通，找到人生主宰，一定要找到那個真我，即是這裡所說的神明。這個「真我」，才真正是我的人生以及我所感受到的萬事萬物的主宰、創造者。

　　所以東方中華的修行叫「借假修真」，借肉身身體來修真我。什麼叫明心見性？明明白白的知道、看到、掌握

那個心，見性是指真的知道方法了；知道有顆心又掌握了找到它的方法、與它溝通的方法，就是修行入門了。

《說卦傳》第一句就告訴我們，聖人為什麼給我們留下《易》這篇經典，就是在此教我們怎麼用「蓍占法」。我們學《易》的基本意義，就是透過占卜的蓍占法，能和幽冥處的、主宰我的真我神明溝通，就能知道我的命運為什麼這樣安排，我就知道怎麼改變命運。

上一章講過，通靈的蓍草只生在曲阜孔林和河南羑里兩個地方。千年蓍草非常靈驗，傳說百年以上的蓍草下面就有神龍和靈龜。有人問，用竹籤行不行？不行的，現在很多人用竹籤代替蓍草，這是不行的。古人怎麼說，就得怎麼做。生長多年蓍草的桿莖，剃下葉後，用來占卜。不能用普通的竹籤、木桿，只有蓍才通靈。

《說卦傳》第二章

【昔者聖人之作易也，將以順性命之理。是以立天之道，曰陰與陽；立地之道，曰柔與剛；立人之道，曰仁與義。兼三才而兩之，故易六畫而成卦。分陰分陽，迭用柔剛，故易六位而成章。】

第二章開頭又是「昔者聖人之作易也」，上古之神、

聖人給我們留下這套《易》到底是什麼原理？「將以順性命之理，」《易》是根據什麼理論體系做出來的呢？是完全符合（即順）宇宙自然的發生發展的規律（即性命之理），是按照這套規律作出來的《易》。《易》的卦相、易理、爻變、繫辭，體現的是宇宙萬事萬物發生發展的規律，所有規律全都在《易》中。

「是以立天之道，曰陰與陽；立地之道，曰柔與剛；立人之道，曰仁與義。」意思是說：宇宙萬事萬物，只要是有形之物，其發生、發展必有天地人三道，這才是立體的。任何在宇宙中的萬事萬物都有，而《易》是根據天地人三道而立的卦，《易》是有六橫卦，即六十四卦，有陽爻「─」，有陰爻「--」，陰爻、陽爻代表陰陽。其中，六橫卦最上面兩橫代表天道，最下面兩橫代表地道，中間兩橫代表人道。這就說明，萬事萬物皆是由對立的陰陽而來，陰陽在天道是見不到的屬性；在地，亦即現實世界的呈現是剛與柔，即山河大地、日月星辰用柔和剛來代表陰陽；在人的倫理道德方面用仁和義，仁代表陽，義代表陰，即陰陽的不同，在人上面用仁和義來表現。

八卦卦象中的六橫、六爻就代表了天地人。後面我們在解讀的時候，就是這樣解讀：從卦象上解讀一段感情到

底怎麼了，要知道其全部信息，就得包括這段感情的天之道，天道的陰陽是怎麼樣的？狀態如何？過去、現在、未來的發展是什麼樣？都會經歷什麼？結局是什麼？還要包括從地道的角度，看這段感情的過去、現在和未來；再知道人道這個角度的信息。當把天地人的信息全部都掌握了以後，透過卦象來看爻辭，我們就可以知道這段感情未來在現實中怎麼呈現。這裡也僅僅是講理，我在講《易經》時，盡量使用現代語言講解清楚，但僅聽理不容易明白，的確很抽象。古人傳的筮占法具體怎麼用，如果文化水平不夠、數學不太好，基本上很不容易理解明白，這裡面也很複雜，不是求籤擲錢那麼簡單。雖然關鍵在於怎麼用，但還是要先修文字般若，把理講清楚。

「兼三才而兩之，故易六畫而成卦，」三才即是天地人，如何運用天地人的規律，兩兩相疊而形成卦，一卦六爻。「分陰分陽，迭用柔剛，故易六位而成章。」這是告訴我們六畫的卦是怎麼形成的，基本的原理是什麼。在此點到為止，不再深講，我盡量用淺顯易懂的語言來描述個框架，希望大家能夠理解到一定程度。

筮占法的原理是什麼？必須記住兩點：第一，這套體系是昔者聖人作《易》，即是上古時代的神傳下來的；第二，

「幽贊於神明而生蓍」，筮占的意義是把真正主宰真我的訊息，把隱藏在幽冥處的真我投射出來，跟他溝通；不然，你只是知道真我是主宰自己命運的，怎麼找到祂？怎麼跟祂溝通？一切唯心所造，心就是真我的另一種表達方式。怎麼找那顆心？所有的修行人都在找那顆心，有的人打坐、有的人吃齋、有的人苦行、有的人禁欲，有的人念佛念咒，都是在找那顆心。心找不到，則修行不入門。

心即真我，決定了我們一切的命運安排，包括事業成功與否，障礙能否跨越等等。找到這個真我，才是找到所謂的上帝、所謂的造物主，而不是外面有一個上帝。每個人都有自己的真我，誰找到了真我，能與真我溝通，誰的命運就掌握在自己手裡了。佛家有佛家的方法，道家有道家的方法，儒家有儒家的方法。我們現在講的《易》，就是中華民族最原始的、老祖宗教的方法，是由儒生孔子揭示於外的、流傳給後世使我們知道的。所以《易》為儒家的方法，也是自己與真我這個造物主溝通的方法。這就是筮占法的意義。

筮占法的理是什麼？就是「以順性命之理，」把天地人的這套理論體系付諸應用。萬事萬物生成發展的規律，即陰陽、三才（天地人）演化出四象，四象推演出八卦，

八卦定吉凶，吉凶生大業。任何人事物要想功成名就，做事之前，先知吉凶；必須先知道這個事物發展的方向、發展的趨勢，發展的過程和結果。而要想先知道這些，就得透過八卦定吉凶。吉凶生大業，這是孔子《易經·繫辭傳》中所說，現在我們已經開始進入《易經》的學習了。學習《易經》千萬不要背，背沒有意義，必須會用。從哪裡起用？就從「占卜法」起。

第三節

學《易》的三大作用
能知一切之根源整體與變化

《易傳》一直在講《易》的原理，為什麼用《易》占卜就會靈驗，就特別準？現在，再來看孔子在《繫辭傳》裡的一段話：

【易與天地準，故能彌綸天地之道。仰以觀於天文，俯以察於地理，是故知幽明之故。原始反終，故知死生之說。精氣為物，遊魂為變，是故知鬼神之情狀。與天地相似，故不違。知周乎萬物，而道濟天下，故不過。旁行而不流，樂天知命，故不憂。安土敦乎仁，故能愛，範圍天地之化而不過，曲成萬物而不遺，通乎晝夜之道而知，故神無方而易無體。】

宇宙不外乎天地人，人居中，在天地之間，有人才有天地；不要覺得有天地後才有人，不要覺得先有了宇宙自然，而人是進化而來的，人沒了宇宙自然還在。東、西方都已經知道這種想法是不對的。

「易與天地準」，意思是《易》和天地、宇宙運行的

規律完全吻合。「故能彌綸天地之道」，所以能覆蓋天地之間的任何事物，要想知道天地間任何事物的起始、發生、發展的規律以及結果，就透過《易》來呈現。不管任何人事物，沒有不包括在《易》中的。比如，孩子發燒或者咳嗽，用《易》就能知道孩子為什麼發燒、為什麼咳嗽，怎麼治療。不僅僅是知道，而且是可以治療。

真正的占卜不僅僅是知道結果的吉凶。真正學好占卜以後，知道是吉，就按照這個往下走；如果知道是凶，可以透過爻變而改變，把凶的結果改成吉，這才是學《易》的真正意義所在。孩子高燒，去醫院除了打針吃藥還能有何辦法？而且疫情期間不敢送孩子去醫院，那怎麼辦？真正學懂了《易》，就知道孩子為什麼發燒，透過《易》和占卜，怎麼調理能讓孩子退燒？這不是透過打針吃藥退燒，而是把發燒的根源化解。這裡先讓大家的理通了，然後隨機緣，看以後能教授到什麼程度。

「仰以觀於天文，俯以察於地理，是故知幽明之故。原始反終，故知死生之說。精氣為物，遊魂為變，是故知鬼神之情狀。」這一段詳細列出透過《易》做占卜，我們能得到什麼？能知道什麼？一是「故知幽明之故」，二是「故知死生之說」，三是「故知鬼神之情狀」。

真正學好《易》有三個作用。第一個作用，是知道「幽明之故」。「幽」就是幽冥處真我呈現的訊息，「明」就是我們眼見的、能感知的這個世界發生、發展的一切，「之故」是所有一切的原因、緣由、根源、本質。這即是為什麼用占卜來學《易》。「仰以觀於天文，俯以察於地理，」所以能知「幽明之故」，我就能知道宇宙萬事萬物發生、發展的原因，所有隱藏的訊息和表面呈現的狀態，我都能知道。

第二個作用，是「原始反終，故知死生之說。」死即是終、生即是始，任何事物發展的過程，都能清清楚楚。前一段的第一個作用是瞭解立體的訊息，知道其根源；這裡則指學《易》，用占卜來學《易》，就知道任何事物怎麼起始、怎麼結束，都會很清楚。「原始反終」，真正在幽冥處，時間不是以過去、現在、未來的規律線性發展的。線性向前推演的時間，是現實中的、「明」的規律，然而真正在「幽」、幽冥處不是這個規律。在幽冥之處都是先有死後有生，即先終後始，和現實中正好相反。其中的理後面再講，現在先記住這句話的意思：透過對《易》的占卜，能知道任何事物的起始和結果。

第三個作用，是「故知鬼神之情狀。」說到了鬼神，

現實中真有鬼嗎？在此說明，鬼和神不是在現實中，現實中沒有鬼和神，若在現實中看到鬼就是患精神病了，出現幻覺了。誰也不可能睜開眼睛看到鬼，現實中絕不可能有鬼站在那裡，幾個人都同時看到，如果你和別人都看見了，那一定是人在裝神弄鬼。現實中沒有鬼，也永遠見不到鬼。

現代醫學如何判斷你是正常人還是精神病人，有兩個最重要的指標：第一，是否有幻覺和妄想；第二，是否無自知力。

幻覺包括幻視和幻聽，幻視就是看見鬼了。比如孩子發燒，有的會告訴家長，孩子看到自己床邊站著個鬼，是那個鬼讓孩子發燒了，這就是幻視；或者有人打坐好像一下開天眼似的，看見觀音飄在空中，正在撒聖水，而別人看不見觀音，這也是幻視，這種狀態就快要神經病了。幻聽，即聽見佛菩薩跟他說話、聽見鬼說話，或是聽見故去的祖先跟他說話了。幻視幻聽就是有幻覺，這樣到了精神科醫生那裡，告訴醫生你能通神、有神通，能看到觀音菩薩，而別人肉眼凡胎看不到，僅此一點醫生馬上會將你診斷為精神分裂，直接送進精神病院。因此記住，幻覺不是神通，是精神病。

妄想就是總覺得有人打自己的主意、或者要害自己，

天天覺得很多人都對自己圖謀不軌，這就叫妄想症，也是精神病。見到這樣的人要遠離，尤其是在修行團體之中這類人特別多，不是胡言玩笑。所有幻覺、幻視、幻聽的就是精神要出問題了，如果不斷強化下去，比如修行團體中因為崇拜那些看見鬼神、開陰陽眼的神仙，而不斷強化他們，這樣的人一定會精神分裂。最後看到滿天仙佛，滿屋鬼神跟他說話，這就是精神病，千萬不要這樣修行，這不是神通。

第二個標準是無自知力。正常來講，如果老師問一句：「下面各位同學，誰覺得自己有病請舉手。」很多同學都會舉手，因為誰能一點病也沒有啊？腳氣、痔瘡、胃脹、腿疼都是小病。只有精神病人，無論你怎麼問，他都不承認自己有病，這就是精神病的標誌「無自知力」。對於精神病患，你如果敢提一句他有病，他馬上翻臉說：「我沒病，你才有病呢！」反之，若是還會表達自己非常痛苦、太痛苦了，甚至有尋短輕生念頭的，因為他還知道自己有病、感到痛苦，這就是正常人範疇，再痛苦、抑鬱也只是叫精神官能症，即神經症，是正常人的心理問題。而精神病人一定是無自知力的，永遠不承認自己有病。

要記住判斷精神病的兩個標準！有個經典的話題：如

果有一天你被關進精神病院，要怎麼才能出來？其實不簡單，你越辯白、解釋越是出不來，因為越說自己沒病，醫生會認為你肯定有病，因為這就是無自知力。關於精神病患的話題說到這裡，要解決則說來話長，因此先不在此多作解釋了，僅供大家思考、感受。

因為要講解《易經・繫辭傳》，占卜涉及鬼神，所以這裡多講了一些精神方面的問題。然而在此告訴各位，現實中沒有鬼神，誰也見不著鬼神，真正的鬼神就是我們心中各種各樣的障礙、不順、怨毒、心虛，心虛則見暗鬼，心不虛永不見鬼。就是那句俗話：心中無鬼，外面永遠沒有鬼！走進陰森環境，就算別人都覺得有鬼，只要你的心不虛，也絕不會感覺多麼陰森、不會感覺有鬼。

《易》中所謂的鬼，是在幽暗處、幽冥世界中。但幽冥世界的鬼就是真的、實體的鬼嗎？不是，而都是我們內心的投射。比如冤親債主，一般所謂的鬼都叫做冤親債主找上門來，而冤親債主是當你心有愧疚，做事覺得對不起人，而且愧疚心不斷強化的時候，心中就會出現一個向你討債的鬼，在你心中化現各種各樣的形狀和樣子，具體何樣則和你的認知有關係，甚至真的有可能晚上睡覺在半夢半醒之間，覺得床頭站了個鬼，但是你定睛一看之後就沒

有了，眼睛一晃乎又出來了。我調理個案這麼多年，這種情況非常多，家宅不安、有鬼來鬧、孩子哭叫等，恍惚看見鬼的情況處理過很多。基本上透過跟鬼化解恩怨，就能找到當事者的心中愧疚所在，一定是有原因的，有愧疚，才有有冤親債主化成所謂的鬼來討債。

那是不是做壞事又沒有愧疚心，心中就不會有鬼了？很難！做了壞事還沒有愧疚心，光嘴硬不行，那可不簡單，做了很大的壞事，卻完全沒有愧疚之心，那得修行到多高的境界才能理解啊，一般人不可能修到這種程度。一般人做了好事、積了功德覺得法喜充滿，自己舒爽別人崇拜；做了壞事心虛得很，總感覺虧欠別人，有人會報復，這都是正常人的狀態。想打破這個規律，得修行到很高的境界，但若是真的修到了那個境界，也就不會幹壞事了。所謂壞事，不外乎是要滿足自己的五欲六塵，而修行到高境界的大德，「貪嗔癡慢疑」這些事也就不會去做了，所以就不會有所謂的愧疚心了。

因此，一定要理解清楚所謂的鬼神。厲鬼基本上都是內心當中有衝突、殺戮之心，心中有感應才會出現厲鬼，跟外界沒有關係，不是外界有真實的鬼神。如果真的覺得見到了鬼怪，一定是你的內心有感應，外面才會招來這種

情況。比方說，為什麼有些人能夠感受到觀音菩薩？慈悲即觀音。當你內心升起慈悲的時候，就能感應到觀音菩薩。有好多信觀音的人有難的時候，觀音菩薩顯化時，可能就會顯化成貴人，真的就會出現奇蹟，苦難就沒了。這種情況，自古以來出現的太多了。

觀音是怎麼來的？你每天在念觀音、修觀音的時候，就是在向觀音學，不斷的內化觀音的慈悲，組成我們多重人格中的一個人格，就會化成了觀音的人格。天天修觀音就是在修慈悲，當你認為慈悲就有救度的力量，有消災解難的力量，有祛病、圓滿的力量時，你不斷的修行、慈悲心昇起，你就必會具有一個觀音菩薩的人格。當你真的有難時，不是外面的觀音救你，而是你自身的觀音人格救了你。說到修行方法話就長了。這就是在修本尊法，有破災法、祛病法、敬愛法、鎮壓法，這些都是密修的部分，只能傳給弟子。

在此針對《繫辭傳》中的鬼神二字多講解一點，這裡的鬼神是指在幽冥處有障礙，或者有助力；在幽冥處的障礙，就會呈現出惡鬼的狀態或形象。何為障礙？怨毒、怨恨都是內心的堵塞，怨毒、怨恨、衝突在內心凝結出的氣，就在心中形成惡鬼、厲鬼的樣子，這不是外來的，而是在

內心當中凝結成的，投射在外就會形成現實中情感、事業各方面的障礙和不順，或者投射出來形成現實中跟你做對的小人、害你的人。這就是「鬼」，是內心當中的不順、堵塞，有怨恨、怨毒投射到外界而形成、化成，或者叫做對應於衝突、障礙你的人。

所以，一切都是從心而發，不要總覺得外面有人害你、對不起你，其實外面沒有人對不起你。不要從外面去修，而要修自己的內心，把自己內心修平和了、修通達了，多修慈悲、多修功德、多修善念，外面對應的小人自然就化解了。

我給大家講的，都是這麼多年做了無數個案的經驗之談。中華老祖宗教我們的經典智慧，不僅在理上要講清楚，而且我們還要在現實中不斷的實踐、不斷的修習，才能真正知道真相、本質，才能在用的時候得心應手，把老祖宗的經典智慧用到實處，真正解決問題。然而，所謂鬼神可不僅僅是我所講的這些，這些並不全面。鬼神要說起來，話題還有很多，在此不是我們的主題，因此只是在此大略講一講，大家能知道一個大概的狀態。

那現實中到底是不是真的沒有鬼？告訴大家，現實中的鬼並非電影裡演的那樣，是站在那裡的一個大厲鬼；真

正的鬼在現實中的呈現，就是天災、人禍，是小人，是傷害、障礙你的人。斬妖除魔不是在現實中把站在面前的鬼一劍殺掉，要清楚，一切都在幽冥處。只要記住：心不虛，不生暗鬼。把心修得正大光明，積功累德，行善而不做對不起人的事，這一生都見不到鬼。

神，則是在幽冥處對你有助力、幫助你的人、你的貴人，在幽冥處就呈現神的形象。神就是我們的善念、慈悲心所化。比如說救助，到底是誰救了你？不是真有一個現實的神來救你，是我們自己救自己，是向善的真我、度化的真我來救自己。

《繫辭傳》中所說，學占卜的第三個作用，「精氣為物，遊魂為變，是故知鬼神之情狀。」「精氣」是指在幽冥處有堵塞以後即「為物」，指現實中就會呈現出對應的障礙，是有形的；而這是由堵塞不通的精氣對應而生的，障礙你的、有形的人、事或物。「遊魂」都是在幽冥處，魂是比較深層的內心深處。「變」的意思是凶也好、吉也好，善也好、惡也好，是根據內心深處的不同而有所變化的，透過《易》和占卜就知道自己內心當中是什麼狀態。

所以，占卜的三個作用：「知幽冥之故」，知道任何潛意識深處的意義，是現實中發生的一切的根源所在；「知

死生之說」意指，比如我做一件事，是否成功、結局為何、怎麼起始，我全都能明白明瞭；「知鬼神之情狀」，我很明白我內心深處的狀態，以及我的內心和現實如何一一對應，我怎麼能把障礙修通，把小人化解。這些都是透過運用《易》做占卜所發揮的作用。

第五章

古智慧基礎科學理論
學《易經》實用溝通萬物

第一節

科技革命靈感源自《易經》
領悟三才突破科技瓶頸

　　現在，我們已經進入國學經典的講解過程。從文字、語言、文言文，到中華文明的源起、信仰、祭祀之禮，當進入了占卜的講解階段，就開始涉及華夏文明的經典。一旦涉及經典，就必須從萬經之首《易經》開始入手，然而我解讀不是一字一字的講解易理，那樣對大家沒有意義。解讀易理的書和專家、教授太多了，但看了那些書、聽了那些課，就會用《易》嗎？其實僅僅是當作哲學思想，沒有實際意義。能指導我們的現實生活和工作，能指導我們解除困惑嗎？有些人感覺能，比如瞭解了《易經》的陰陽之理，對立對稱、轉化消長等思想，很多現實中的問題就能明白了、思維就清楚了、方向就明確了，因此也可以說，能有一定的指導意義。但是，透過文字解讀經典，對所謂的方向、真理真性方面的理解太膚淺了，即使在現實工作與生活中有指導作用，也是非常淺層和表面的。

　　如果學習《易經》像學習語文課本一樣，把孔聖人解

讀《易經》的《十翼》，一篇篇、一字字的去學；而所有講《易經》的人，都像講語文課本一樣一句句解讀，那是不對的。然而，難道不是自古以來都這樣解讀嗎？事實上，自古以來真的不是這麼解讀《易經》的，古人也沒有這麼解讀的；只有現代的教授這麼解讀。這也就是現在的現狀。

　　想知道《易經》是怎麼來？起什麼作用？本來是什麼書？要真正解讀清楚了才能知道，但其實它不能一字字一句句像上面那樣解讀，這可不是我說的，是二千五百年前孔聖人在《繫辭傳》裡明明確確告訴我們的。不僅《易經》如此，中華所有聖人傳下來的經典，都不能咬文嚼字的按字面去解讀。後面我們會呈現孔聖人在經典裡所說的：不可以在言詞中解讀聖人的經典。其實，聖人已經清楚的告訴我們如何解讀了，只是你不一定能看明白。

　　《易經》有多麼重要的作用和意義，不僅僅是對中華民族，對世界發展的意義和作用之重大，用什麼話來描述、誇讚也都不為過。為什麼？現代社會，近一百年不到的時間，從第二次世界大戰以後，即上世紀四、五〇年代起，地球進入科技突飛猛進的時代，我們稱之為第三次科技革命，是以計算機的發明與應用為代表。第三次科技革命的時代現在還在延續中，互聯網資訊平台、線上直播，讓大

家相隔千萬里都能直接交流，這都是拜資訊技術所賜。如今電腦已經深入到每家每戶，甚至每個人都有一台相當於微型電腦的手機。而這些都是怎麼出現的？其實這些的出現，都是真正得益於《易經》。

大家知道，計算機運行的基礎是二進位制，即 0 和 1。計算機以及後來的互聯網網絡，最基礎的代碼也就是二進位的「010101……」。二進位制是如何出現的？18 世紀初，有一位德國的哲學家、數學家叫萊布尼茨（Gottfried Wilhelm Leibniz），他偶然得到了中國傳過來的、翻譯成拉丁文版的《易經》，接觸瞭解了《易經》八卦的思想體系。而《易經》的思想就是二進位制，兩儀、陰陽在數學方面的解讀就是 0 和 1，即陽爻和陰爻，然後兩儀生四象、四象生八卦，八卦相疊成六十四卦，然後無窮無盡的延伸下去，這就是二進位的基礎。二進位本身也是數學中最完美的模型，從而生出宇宙無限的萬事萬物。

萊布尼茨受到啟發，直至 1716 年臨近他去世的前幾個月，還努力的寫完了一本手稿《論中國人的自然神學》。萊布尼茨還寫過一篇《論中國哲學》，明確表述他的二進位想法是受了中國《周易》的影響，將二進位和八卦的相互關係專門寫進了著作。我在講這個歷史故事時，反而很

多中國人嗤之以鼻，覺得這是杜撰，是我在自誇中國的好，認為計算機跟中國《周易》沒有關係。然而歷史事實自有證據，自有公論。

二進位的發明，帶來了兩百年後的第三次科技革命，我們也得益於正在延續的第三次科技革命。如果不是萊布尼茨受到《周易》的影響發明了二進位，兩百年後的計算機就不一定能夠發明出來。因此，歷史都是在突變當中進步的，而不是逐步的進化，就像我們形容孔子的這句話：「天不生仲尼，萬古長如夜。」如果老天沒有在偶然中降生了孔子，那中華民族真的有可能會一直在黑暗中無助摸索。就像偶然的一個基因突變，偶然的一個機遇、一個人物出現，就有可能改變人類歷史。而現在當代的歷史變遷是因為什麼機緣，其實就跟《易經》有直接的關係。

二進位只有在東方的中華古代有嗎？西方的柏拉圖、亞里士多德等大哲學家是否早就研究出來二進位了？事實上不是的，西方古代並沒有出現二進位，只有中華古代有二進位的思想，就在《易經》裡面，這是中華民族獨特的思維、獨特的思想，此外還有八進制、十進制、十六進制等等，我們都要有所瞭解，因為我們首先要知道自己的老祖宗掌握了什麼，才能理解二進位是最完美的數學模型。

我們是研究宏觀的，雖然不是對所有領域，比如一些微觀領域都非常瞭解，但是宏觀為「道」，大道通了，方方面面、各個領域都能通曉，能指導一切。《易經》是道之首、道之源，宇宙規律的呈現就是《易經》，其偉大程度怎麼形容都不為過。

　　如果沒有計算機、互聯網，僅靠手動機械，哪能實現原子彈的爆炸，哪有現代量子物理學對微觀世界的探究？現代社會，離開計算機還能做什麼呢？而這些的根就是中國的《易經》。西方三次科技革命的發起和現代中國人沒什麼關係，而是從根上和中華的老祖宗有關係。第一次科技革命從 1760 年開始，蒸汽機的發明代替手工作業，用機械力代替了人力，把人解放出來了；第二次科技革命是電力應用，以電燈的發明為標誌，人就更加解放出來了，透過電就可以轉化人力、機械力等各種力量，使大自然的力量都能為我所用；第三次科技革命就是以計算機為標誌，在各個領域都實現了突飛猛進。

　　《易經》為何能引導現代科技革命，甚至在各方面均能起引導作用？我們講述了這麼多，從開始就一直在強調，《易經》的出世並非人想出來的、累積出來的，而是上古之神將上古文明直接傳授給我們的，包羅萬象傳授了很多。

老祖宗傳給了我們太多的智慧，孔聖人把這些總結歸納、落地解讀出來，讓後世能看懂。雖然能看懂，但是現在炎黃子孫卻根本不知道怎麼應用了。

西方把《易經》最基本的陰陽，在「二進位」這一個領域應用了一下，就直接導致了第三次科技革命的爆發，引領了世界一百年。當然，不僅僅是有了二進位就有了計算機，還有很多邊緣科學相互組合的作用結果，比如沒有電能也不可能有計算機，但是二進位是最基本的。而《易經》傳給我們的思想博大精深，何止僅僅陰陽、兩儀！中國人如果真正掌握了《易經》的精髓，有沒有可能從中國爆發出第四次科技革命？答案可想而知！

西方物理學界，以牛頓為代表的宏觀、經典物理學，於 1900 年左右發展到了瓶頸；微觀、量子物理學則打破了這個瓶頸，使應用科學突飛猛進、引領世界，但發展了幾十年，由於基礎理論科學沒有新的突破，所以應用科學又到了瓶頸。因此，現在西方很迷茫，不知道如何往前走。世界如果再想向前發展，只有在基礎科學上有新的重大突破，才有可能帶動應用科學不斷前進。

現在的應用科學遭遇瓶頸，時間和空間的限制無法繼續打破了。以現代的科技，讓太空船飛到火星都不太可能，

再想實現載人，想涉及銀河系中心，或者突破銀河系，根本就做不到，甚至想都不敢想。其實，不用說外太空，就是地球的大洋深處我們都無法企及，對南極北極也所知甚少。不僅對地球不夠瞭解，其實對我們人體本身也不怎麼瞭解，僅僅只瞭解人體的表層。而這就是西方的理論體系、哲學思想，在尚未瞭解自身的情況下，就去瞭解外太空。這在中國人的思維模式裡是很不可思議的，還不瞭解自己，就想瞭解外太空、外星人，不是異想天開、天方夜譚嗎！

　　中國人講究向內求，不斷的瞭解自己，是整體性、全息性的瞭解。自古以來我們眼睛不向外去看，我清楚天地運行自有規律，但我並不去盯著日月星辰的運行規律，我只要盯著我自己的規律。我把我自己的運行規律清楚的掌握了，天地宇宙、日月星辰的規律就都在這兒了，因為都是一體的，這就叫天人合一。我們根本不需要在物質世界中不停的往遠處去看。這就是中國人和西方人的思維不同之處，這方面也是西方人理解不了的。難道研究火星、太陽系、銀河系的運行規律，只要研究自己就行了？事實上，這樣研究是對的，但西方理解不了。不過，我們也理解不了他們，連自己都沒弄清楚，研究什麼火星、太陽啊，這得浪費多少能源才能到達火星！就算把地球能源都浪費殆

盡，有可能到達銀河系的中心嗎？所以，西方按照這種思路發展，無論航空、航天，還是人體科學，一定都會碰到瓶頸，這是必然的。

怎麼打破這個瓶頸，這個問題是現在所有的人類菁英，尤其西方的菁英不停在思考和詢問的，因為他們目前引領著人類科技；而中國的菁英反而不問這個問題，因為現在的中國人只知道盯著西方，想要「先模仿後超越」，然而卻忘了只是模仿別人怎能超越，根本瞭解不清楚憑什麼超越！

我們現在所講的就是，第三次科技革命到現在，人類科技發展碰到瓶頸，這正是中華的機會所在！中國到底如何才能實現所謂的超英趕美？如何超越西方領先我們那麼多的科技？跟著人家屁股後面學、模仿，是根本沒有希望的。中國真的一定要實現彎道超車，走捷徑，不能從現有的應用科技上去比，那樣就只能永遠跟他們學。中華的科技菁英應該回過頭來，真正深入研究《易經》和上古留下來的經典。真正基礎科學理論的重大突破，一定還是源自於中華的古文明，因為這並不是人創造的，而是上古高度發達社會的神，直接留給我們的一整套宇宙自然基本規律，無比先進發達。

基礎理論有所突破之後，中華才有可能在應用科學上，真正實現彎道超車。首先，一定要掌握西方未掌握的基礎理論，突破基礎科學的瓶頸。中華科技菁英如果能從上古遺留下來的文明文化智慧體系中找到突破口，就完全有可能突破時間和空間的界限。這在中華老祖宗的著作中有很多記載，只要有科技菁英能真正領悟和掌握這些，一旦能夠打破思維模式、知見觀念，就有可能突然迸發出靈感，那時中華才有可能在科技方面領先世界，進而中華的文明文化才有可能被帶動起來。

　　現代中國的科技不如西方，西方船堅炮利，等太空船能實現到達火星、移民火星的目標，瞬間消滅中國就輕而易舉了，就像捏螞蟻一樣！我們天天講文化、講文明，都是沒有意義的、是虛的，解決不了現實中的問題，不僅西方不認同，中國人也都會認為沒有用。我們為什麼學國學、學老祖宗的文明、文化體系？就是要學以致用，就是為了經邦濟世，這本就是孔聖人所不斷強調，沒有用的東西不要去學，學了就要落地實用、發揚光大。

　　學習了國學文明體系，到底用在哪裡，又怎麼用？首先，學了這套智慧要用在自身，讓自己的身體、情感、事業等，自身各方面趨向圓滿，自己的問題都能解決，引領

自己走向成功；再引領我最親的人，我的家庭伴侶、孩子、父母、兄弟姊妹走向圓滿；同時又能引領我的企業，帶領企業的員工共同走向成功，走向圓滿；進而，可以作為省市各級地方官，引領整個省、市走向圓滿成功；再提升，能夠引領國家、民族走向成功、走向圓滿。這才是我們學習國學智慧的真正意義所在。

而如果有科技菁英真正學好、學通、學透了老祖宗的智慧體系，就真有可能在科技上超越西方、領先世界，在中華掀起第四次科技革命。西方人都能從《易經》中發現二進位的實際應用，可見中華祖先在經典中留下了多麼巨大的寶藏、多麼博大精深的宇宙真相和規律，然而中國人自己現在還有幾個人、幾位菁英，在研究祖先的《易經》等經典呢？

為何中華菁英要一直盯著西方，跟著人家屁股後面學呢！中華對西方的東西已經學得差不多了，不能再繼續向人學了，我們應該回過頭來領悟自己的老祖宗留下了什麼樣的大智慧，然後再好好研究如何將這些大智慧應用在現實中，實現突破瓶頸、超越現況。中國不能再以西方為導向，得有自信！這也是我著書教授國學的根本目的所在。

話都是對有緣人說的。讀者諸君可能是醫學領域，也

有可能是農業、教育、商業、金融、文藝、科技、軍事各個領域的菁英；我們所講的祖先智慧叫「道」，當你真正掌握了道，並可以應用於各個領域，就能夠突破現有的瓶頸，真正將你帶至最高境界。古人對「道」有多麼的重視：「朝聞道，夕死可矣！」古人一輩子追求道，追求真理真相，哪怕臨死之前能夠得聞大道之理，即使馬上就死去也都心甘情願！但是現代人，尤其是中國人，只看金錢、看現實、看眼前，什麼都一味跟西方學，覺得這樣最快、最先進、最時尚；各個領域都跟人家學，好像這樣賺錢最快、累積財富最迅速，但是卻永遠受制於人。

《易經》告訴了我們多少自然規律！陰陽的定律被西方應用，發展出了計算機、互聯網。其實，我們現在顯然已經有打破瓶頸的方向了，祖先早就把方向說得清清楚楚，宇宙自然來自於何處：無極生太極，太極生兩儀，有了兩儀就有了宇宙中的萬事萬物、各種成形之物；而後兩儀生四象，兩儀和四象之間還有三才，即天地人。兩儀生出的萬物，並不包括人。這樣說很多人不理解，會認為人不就是宇宙萬事萬物的一部分嗎？怎能說兩儀生出萬事萬物中不包括人呢？其實，如果真正理解祖先的智慧就會知道，天地之間的萬事萬物是成形之物，人不在天地之間的萬事

萬物之中，人是非常特殊的，是獨立於天地而存在的。這一定要清楚，裡面有很深的理。

祖先經典一再告訴我們：人居天地間，天地因人而存在，宇宙萬事萬物如果離開人就不存在了。有緣之人對此會有感觸，天有天之道，地有地之規，天地皆有其運行規律，同時人也有人獨特的運行規律。雖然經典中有表述：「人法地、地法天、天法道、道法自然。」雖然是有法，但人是人、地是地、天是天，所以古人說出「三才」的概念。如果人是天地的一部分，那只要說出天地就可以了，又何須說出人的概念呢？人是不同於天地萬事萬物的，人是獨立於天與地、以及萬事萬物的。

清楚上面所講之理，意義非常重大！如此你才會真正理解，何謂天地因為人而存在，不管是修儒學、道學還是佛學，就基本可以入門了。如果聽不懂、不理解，更解釋不清楚，你也就根本無法入門。把人與天地混為一談，先有天地還是先有人也都不清楚，最基本的理和概念都不清楚，談何修行。這也就是西方在科技領域一直研究不清、一直混淆的，所以他們一直想突破現在的時空界限和束縛，是不可能的。按照現在西方這套思維邏輯和研究方向，永遠突破不了時空界限。每一次科技革命，必是思想的大爆

發、大解放，所謂頭腦風暴（Brain Storming），就是在思想方面打破現在和以前的束縛。這就是《易》一再告訴我們的「要變」，既有亙古不變的，也有必須經常變的，這就是我真正傳遞給大家的主要思想之一。

我們現在講人和天地之間的關係，到底有何用，能有什麼突破呢？當大家真的勘透了天地因人而生這一點，中華就有可能在智能化方面突飛猛進。現在西方領先的科學家們都在設計機器人，走智能化路線，然而機器人再怎麼像人也不是人，這個問題西方無法解決，因為西方的整體思維模式就認為人是天地的一部分，所以他們僅僅是在模仿怎麼造人，生產出來的就是天與地的有形之物，表面再像人也不是人。就算做的和人一模一樣也絕不是人，因為還少一樣東西，就是少了那個「真正的人」。

然而，那個「真正的人」是什麼？絕不是西方人工智能、科技發展到多麼先進的程度就能理解和解決的，絕對是個哲學問題，這個問題不明白、思想打不開，你的方向就不可能正確。方向不正確，投入再多人力物力也沒有用。而在這一點上，一旦中國的科技菁英把「人」的問題解決了，那人工智能就即將打破瓶頸、突飛猛進，很可能這就是我們在整個科技領域超越西方，實現彎道超車的希望所

在。

由《易經》所述規律來講，兩儀之後就是三才，因為有三才而有四象，而後才有五行，一步一步往前走。我們突破了兩儀，就有了第三次科技革命。當我們突破、領悟了三才，就能突破第三次科技革命的瓶頸，找到實現再一次科技革命的方向。當我們把天地人三才融合好了，再往後繼續突破時，才涉及四象和五行。如果真正把五行突破了，人類才能到達那個曾經的、文明高度發達的、神性的社會。即是古人所云：「跳出三界外，不在五行中。」真正將五行勘透，應用科學基本可以實現與宇宙同在，就相當圓滿了。這個理中華祖先跟我們講了很多，但我們一直當作虛無的哲學，其實不然！

即使先不追求把三才、四象、五行真正理解通透，哪怕只是先會應用一點點，都十分了不得啦！《易經》等祖先經典傳遞給後世子孫的，都是我們所謂的現代基礎科學理論，是科技發展的基礎；掌握了這套基礎科學之後，我們還需要把它落地變成應用科學，進而大力發展應用科學，在現實中才能充分的應用。其實，我們的中醫就是典型的例子，是把祖先智慧的基礎科學理論，應用在現實的療癒、治療人體疾病的應用科學。但是中醫這個典型的中華智慧

應用科學，現代人可以說應用得十分差勁；但即便很差勁，都已經很神奇、很了不得了，其科學理論的超前性，已經遠遠超越西方現有的醫學和科學了。

從《黃帝內經》角度講，現代正在使用的中醫叫下乘的中醫。中醫也有上乘、中乘、下乘。在此不是貶低，只是陳述現在中國的中醫現狀，而《黃帝內經》中這部分下乘的醫學內容，西方也都望塵莫及。而真正遺憾的是，即使是《黃帝內經》的下乘之醫，現在掌握的人也都已寥寥無幾，基本上即將面臨徹底的失傳，真的非常可悲！若是國家和社會再不重視，這一批掌握僅存的一點祖先醫學智慧的老中醫們，如果再都沒有了，中醫應用科學也就真的徹底失傳了。中醫保佑炎黃子孫幾千年來的繁衍生息，真的太可惜了！

第二節

孔子研《易經》成聖
出世入世皆圓滿

　　《易經》無比重要，是中華的萬經之首、萬經之源，我們所有的理論規律，以及宇宙自然的真相，都不離《易經》。孔子之所以成為聖人，因為他專門研究《易經》，他不是因為《詩經》、《尚書》而成聖，也不是編《春秋》而成聖，而是把《易經》研究透了，才形成了一整套博大精深的儒學體系。他研究了一輩子，五十五歲時才真的把《易經》研究通透、通達了，所以說「孔子五十而知天命。」孔子從十五歲開始學習上古文化；三十而立，三十歲才有自己獨立的思想、觀念，自己才想做事；四十不惑，四十歲時世間的知識學得差不多了，疑惑疑問很少了；五十而知天命，是指有了大智慧。

　　然而，四十不惑還是指別人提問現實知識問題時，他仍然在用頭腦回答，說得頭頭是道，也就是所謂現實中的聰明、有能力，還在低維度的層次，是意識層面的分析推理、決策判斷能力強，他還是人。而孔子不斷的修，到

五十五歲才有了智慧，到了那時候，就不會滔滔不絕的給人出主意了，知天命大智慧者的狀態，就是大智若愚、大音希聲、大巧若拙，一定是看起來傻傻呆呆、憨憨木木的。

滔滔不絕、口若懸河，讓人一眼看到就覺得是高人、偉人的，都是沒修到位的表現；真正修到位的人，一定是韜光養晦、藏形匿影的。以現實中的情報員、特工舉例，不要以為像007電影裡演的那樣，高大英俊、瀟灑風流、身手敏捷、目露精光，讓人一看就感覺了不得，大帥哥往人群中一立就吸引所有目光，這樣怎麼可能當間諜，早就死了，哪還能當特工！真正的間諜特工，一定看上去平淡無奇，毫不引人注目，甚至別人都不願意多看一眼，那才是真正的高人。但也不是平淡無奇的都是高人，不是所有掃地的人都是掃地僧。

然而，高人真正修到一定境界後，一定是那種大智若愚的狀態。他的稜角已經磨平了，鋒芒已經內斂，你根本看不出來。鋒芒外露，能一眼看出是高人的，一定不是高人。儒家講究真正修行到最高境界，必是中庸的境界，中是守中之道，庸是平淡無奇，真正修為高的人必是中庸；道家修行到最高境界，也絕不是鶴髮童顏、仙風道骨的樣子，那只是修外形；真正修道的高人必是表面根本看不出

來，有如平頭百姓在人群裡，你都不可能看他第二眼，這就是修到了無為境界；佛家的高人，也絕不是想像中的儀表堂堂、高僧大德的外表，佛門高人就如金庸小說裡的掃地僧，所謂的大俠經過他都不會看他一眼，但他就是隱藏在佛門中修為最高的人。

這都是經典所教授的，《老子·道德經》《周訓》中講，大巧若拙、大音希聲、大象無形、大智若愚。真正大智慧者沒有那麼多話，但是一句話就能點到根本，就能打入心裡，而且一定說得恰到好處。

這也是孔子自己的修行境界和修行經歷。四十不惑時，他就是現實中的高人，遊走各國、發表政見，指導帝王做仁君，治理國家仁政愛民。但孔子並非一生都在東奔西走、遊說列國。經歷了這個過程，五十而知天命以後，看看他還說話嗎？到了六十而耳順，意思就是別人詆毀他也好，誇讚他也好，他都波瀾不驚，心修到了「如如不動」的狀態。

也即是說，五十歲以後，孔子就已經到了心法的高度，然後繼續往上修。所以，耳順就是你說什麼，甚至批評他、罵他，孔子都會回應：「對、好、是，我應該是你說的樣子。」也即是別人所說的他都能接納。然而當讓孔子說話

時，孔子就會回應：「對不起，我人微言輕，真的不知怎麼說。」所以，孔子這就是大智者若愚，不會多說又不是不說。道家所說：「無為而無不為。」看似無為，不在形上表現，而是在根本查覺不到的狀態下就表現出來了。

孔聖人七十歲達到的境界就是：隨心所欲不逾矩。也就是既心想事成，又不乖張、不狂妄，讓人看不出來。外表並不是仙風道骨，也不會肆意展露技藝，也不再四處遊說帝王，而是遊戲人間，是自我滿足、圓滿的狀態，而他身邊的人自然被潛移默化的引領、教導了。

孔子一生不為財、不為權，三千門徒七十二賢人，也並非現代教師所謂的桃李滿天下。孔子不需要賺錢，有弟子儒商子貢一生供養。孔子活著的時候沒有被加冕，不是帝王也不是帝師；死去以後無比尊貴，是無冕之王，受歷代帝王的尊崇和祭拜，多少後世的帝王都給孔子加冕、給孔門敕封，因此孔子積福於子孫萬代；孔氏嫡傳八十代，為中華第一家族，都是因為孔聖人功德無量，是入道之人，積陰德於子孫，直至現在世人對孔門子孫依然肅然起敬。孔子看似是個沒有什麼神通的人，總使人感覺不如佛家釋迦摩尼佛祖圓滿，不如道家老子、張三豐、張道陵神奇。然而真正相比來說，佛道儒皆為圓滿，孔子儒家絕不低於

佛、道，而且孔子是在世間和出世間都達到圓滿的。

我們所講授的《易經》是儒學的根本，但並不是孔子編出來的，是屬於中華全民族的，是上古流傳下來的。儒學五經中除了《春秋》皆是如此。儒學最早有六經，其中《春秋》是孔子編撰的魯國史；而《詩》、《書》、《禮》、《樂》、《易》，都是上古傳下來的經典，儒家儒學只是將這些為自己所用，而孔子的作用是刪減、編纂、解讀各部經典。解讀和自己創作是兩個不同的概念，孔子自己不作經典，亦即「述而不作」，秉承上古智慧，不去改變，不會加入自己的東西。

我們用如此巨大的篇幅，反覆講述《易經》的重要性，就是因為實在真的太重要了。如果對《易經》的重要性還沒有理解和領悟，後面繼續講的就會沒有意義了。《易經》不僅對中華民族重要，對世界的發展更非常重要。

第三節
經典學習非字面背誦
聖人傳授實用真功夫

　　到底怎麼學《易經》，其實是大家最關心的問題，也是在此交流探討的最重要議題。然而現代人根本不知道怎麼學，只是對《易經》感興趣，去讀好多歷史上所謂大家對《易經》的解釋，而後試著解讀《易經》；或者記背八卦、卦爻、卦象、彖傳等。但是《易經》不能這麼學，僅是在書上根本學不明白、看不明白，而且基本上諸子百家的所有經典都是如此，不能從字面上去學。這是孔子告訴我們的，而不是我個人的說法，是有經典內容作依據的。

　　《周易・繫辭上傳》第十二章有云：【子曰：書不盡言，言不盡意。】這是孔子本人所說，上古聖人說的是什麼，在書中的文字裡看不到真相；言即是說話、口耳相傳，意思是聽別人講也聽不明白真實的意義和內涵。也就是說，從文字和語言上，就別想得到真傳。大家就鬱悶了，那怎麼辦呢？不就只有從書中的文字和口耳相傳的講授兩種方法學習嗎？孔子知道大家會有這樣的想法，馬上就代大家

提問了：【然則聖人之意，其不可見乎？】書上文字解讀不了、看不明白，聽老師講課也聽不出真實的意義，那聖人的真實意義、真正所傳，難道就沒辦法學習了嗎？就永遠見不到了嗎？難道書都是假的嗎？難道師父口傳的也都是假的嗎？

不要理解錯了，經典上呈現的都是真東西，師父口傳的也是真才實學，但是看書中文字，或者聽師父口傳，都一定會經過你的腦，過腦就是你自己的意識判斷過程，在這個過程中，真東西在你這兒也就不真了。其實意思就是，文字把真相寫出來了，你並不一定能理解，師父口傳給你真相，你也不一定能聽明白。也別因為有這句俗話「假傳萬卷書」，就過度極端的說只要是書就全是假的。所謂假傳的萬卷書中肯定也有真傳，然而問題在於即使你拿到了真傳之書，也領悟不了、理解不了書上寫的話是什麼含意。

後面孔子馬上對提問進行了回答，而回答的這一段話對我們太重要了！

【子曰：聖人立象以盡意，設卦以盡情偽，繫辭焉以盡其言，變而通之以盡利，鼓之舞之以盡神。】

這段話大家能看明白嗎？這就是聖人在經典中，真

167

實、徹底、坦誠的把方法告訴後人，字我們都認識，然而應該怎麼理解呢？僅是背誦這句話沒有用處，理解到底是什麼含意才重要。前面說「書不盡言，言不盡意」，不能從文字和語言上得到真傳，那從哪兒能得到？「聖人立象以盡意」，什麼叫做立象？「設卦以盡情偽」，情偽是最真實、不虛假、最純粹的東西，然而又如何設卦呢？

　　「繫辭焉以盡其言」，這裡的「言」是指真言。溝通有幾類不同的語言，有假言有真言。用嘴說的、口耳相傳的是假言，比如口中表達「我愛你」，可能說出的話心口不一，面對面說一輩子愛你，其實是看重你的錢，心裡實際上非常討厭你。事實上，我們每天都在說著假言，沒有幾句真話。不管是善意的謊言，還是惡意欺騙，語言這種溝通方式、這套溝通系統本身就是假言、是心口不一，而不是真言。而「繫辭焉以盡其言」中的言，完全都是真言。透過繫辭，就能夠知道對方說的話對與不對，就可以清清楚楚知道他心中要說的是什麼，而不必從他口中所說來判斷。

　　「設卦以盡情偽」，對方最真實的狀態，我透過設卦就能使其展現出來，他藏都藏不住。「立象以盡意」，透過立象，就知道對方最真實的意圖是什麼，想騙我是不可

能的。但文字是可以騙人的，也有太多的文字是騙人的；語言亦是可以騙人的，我們天天都在騙人，誰能不騙人？哪怕你再坦蕩，善意的謊言也得時常說，不騙人你都難以存活，其實真的就是這個理。

孔聖人所說的即是此意：盡信書不如無書。即使書中所說是真東西，你也看不懂；語言也不要盡信，盡信別人說的話，最後吃虧上當就是你自己。到底信還是不信，不是依靠意識判斷。聖人有一整套流傳下來的方法體系，按照這個體系去做，只要做對了就能實現。已經不是我們信不信對方的問題，而是對方想騙也騙不了我們，其真實意圖、真實狀態，我們都能清清楚楚，這就叫立象。

當你學會了立象，就能做到上面這一點。如果再學會設卦，任何發展中的無論人事物、情感、事業項目，還是個人、家族、國家、民族的命運，其本質必定能呈現出來。如果你學會了繫辭，他人在語言上想騙你是絕對做不到的。真正掌握這套體系之人，不會只聽對方之言，不會以對方的表現為判斷依據，而是用一整套繫辭體系，不管怎麼說、怎麼表現，一眼就能看透。這就叫做「繫辭焉以盡其言」。

「變而通之以盡利」，利指成功，怎麼能做到成功？真正的成功得有智慧、有力量，得能左右、掌控、把握。

這樣的狀態下才能成功，而不是現實中喊著想成功，悶著頭拚命努力就能成功。如果不知變、不知通，又不知道變和通怎麼用，何談成功？那樣即使成功也是瞎貓碰上死耗子，自己還以為是自己的聰明才智，還以為是拚命努力的結果。

也許你會問，難道聰明才智和拚命努力不是成功兩個最基本的要素嗎？完全錯了，這只是你認為如此。不知道事物發展規律的世俗之人，就會認為成功是自己的聰明才智和努力帶來的。如果是你認為的這樣，你這麼聰明又努力，一生中事事都應該成功啊！為何還會出現既聰明又努力，最終卻一敗塗地的情況；為何會有聰明努力、看似成功，卻突然落入陷阱、跌入深谷，最終還是失敗的情況？事實上，現實中有太多人如此了。

你真的知道什麼是成功嗎？成功不僅僅是做成了某件事，有多少錢，當多大官。這些能有何用？你能保證這一世富貴嗎？能保證富過三代，甚至富過十代嗎？成功是有標準的，真正的成功一定是長久的。有多少人是公司上市了、有錢了，卻妻離子散、家沒了、身體垮了；又有多少人，當官了、有錢了，卻官司不斷、紀檢監察隨時可能雙規，這些哪是真正的成功啊！

聖人給後世流傳這些經典，教授我們方法體系，都是帶我們看到真相，讓我們掌握規律。真正能夠看到真相、掌握規律，才能把命運掌握在自己手裡。我們要成功，但同時還得要幸福、健康、平安、無礙。表面看似成功，實際卻磨難重重、四處障礙，誰也不想要這種成功！聖人是在教我們如何做事，在經典中已經寫得非常明白了。

對應上面「書不盡言，言不盡意」，這一段話即是孔子在教授我們，怎麼修行、怎麼學經典、怎麼修《易經》。如果這段話看不懂，就無從研究《易經》；如果萬經之源、之首的《易經》研究不明白，又何談其他經典，何談研究佛、道、法、墨、兵各家。讀者諸君無論是何文化水平，是不是專家教授，這幾句話能否明白？如果前面四句都不明白，那「鼓之舞之以盡神」就想都不要想了，怎麼可能達到盡神的程度！鼓之舞之又是為何？其實孔子馬上就印證了前面的「書不盡言，言不盡意」，已經把這一整套的修行方法說得清清楚楚了。

很多人以為儒學沒有修行方法。認為道家有意守丹田、大小周天、任督二脈的修行方法，佛家有打坐止念、觀呼吸、四禪八定、念佛念咒等修行方法，而儒家沒有。其實錯了！真正能帶領我們盡快圓滿，有清晰捷徑的修行，

就是儒學的修行方法。問題是能否真正瞭解知道儒學如何修行？上面一段話清清楚楚告訴了我們，經典就是在教我們怎麼修行，而如何看經典，如何修行？孔聖人在此明確告訴我們，如何階段性的落地修行；如何學習經邦濟世之儒學經典，而能夠有大用、成大才；如何建立聖人「立德、立功、立言」三不朽的功業。

聖人之三不朽，立德是做人，立功是做事，立言是傳承。如果能做到這三不朽，這一生就真正成功了。做事能有大成就，既富且貴；做人有大功德，人人敬畏、萬人敬仰；子孫滿堂，繁衍不息，承你的陰德，各有所成就，使你的智慧又能傳承下去。這才是我們真正要學儒學、學國學的意義所在。

處在現實中，沒有困惑，做事有方向；做人能判斷什麼是善惡，知道怎麼掌握分寸；然後知道怎麼教化子孫，怎麼教化弟子，讓他們承載這三不朽，人人做到立德、立功、立言三不朽。這就是聖人的事業！孔子入世，是為了教化眾生；釋迦摩尼佛祖入世，也就是為了這一大事因緣而來；道家老子現世，留下道德經也是為此；耶穌基督其實也是一樣，為世人背了原罪，自己釘在十字架上受苦，不也是為了教化和解救眾生嗎？聖人不都是這樣嗎？導人

向善，告訴人們宇宙的真相和規律。

所以，學習孔子《易經‧繫辭傳》裡的這一段話，至關重要。要學《易經》，先把這段話悟出來，要懂得、要知道聖人此話何意；但僅僅知道意思還不行，更要知道怎麼做，知道什麼是立象、設卦、繫辭、變通、鼓舞。這一段話就是《易經》的大門，如果解讀不明白，從何起修，就是再學一百年也不得其門而入。這還是孔子解讀《易經》的話，如果這裡都看不懂，更何況直接看周文王所作《易經》的繫辭，必定一個字都讀不懂是何意思。

對這段話，所有大學教授都能解釋，但關鍵是會不會用？不僅是解釋意思，而是要懂得使用方法和手段，要有老師具體教你立象的方法，一旦掌握這個方法，就必須真正做到「以盡意」。就是說，我一旦掌握方法了，那找我合作的人是否想騙我，對方真實的意圖，我馬上就清楚了。僅是解釋和教授何為立象是不夠的，得教授怎麼立象。學會了立象的方法，不僅對人，哪怕是對動物也一樣。家裡的寵物有天無精打采，你都能知道牠到底是怎麼了，是生病了還是失戀了。這就叫「繫辭」。

「繫辭焉以盡其言」可不僅是人與人之間，如果真正掌握了繫辭，人與動物、人與植物、人與雲和雨之間，都

能溝通。不要以為人與樹之間可以溝通是迷信，只把文字講明白卻不知道怎麼做，才真是什麼用都沒有。因此，學習經典必須得有明師，明師不會從文字上逐字逐句的教，而一定是教你經典裡面的方法，同時絕對不會自己發明創造方法。

這些立象、設卦、繫辭、變通、鼓舞的方法並不難，但會者不忙、忙者不會，若沒有方法，僅是解讀其意思，自己也不會做。現在我就可以解釋，立象是一整套的方法，掌握這套方法，宇宙間人事物的發生、發展過程，基本上都能清楚。設卦也是一套方法，掌握了設卦的方法，就掌握了宇宙和人體的規律。

比如，我要投資一個億元人民幣規模的項目，如何判斷決策，全都用頭腦分析，請所有相關行業專家開會提供意見，最後做出判斷決策，決定買一百家已經運作成功、經營良好的連鎖店，包裝上市就有成倍收益，專家一致認同項目優良，可以投資。然後就開始著手投資，高價收購了一百家連鎖店，結果兩個月後肺炎疫情爆發，全部連鎖店都無法開門營業，還如何包裝上市？想得再好都是依過往的經驗，再根據現狀進行分析，但是再怎麼分析，你能分析出來後面有一場大瘟疫嗎？

如何能分析出未來的疫情呢？如果學會了設卦，就能知道後面會發生什麼事。你相信嗎？歷史上這種例子太多了，這種神仙式的人物事例只有大中華有，而且比比皆是，但多是在古代的大宋以前。宋以後，這套智慧體系就沒落了，到現在基本上已經沒有了。

　　比如，唐朝的袁天罡、李淳風，是唐太宗的兩位星象官，有一天唐太宗問他兩人大唐未來發展怎樣，有沒有人篡位？唐太宗玄武門之變弒兄殺弟，逼父退位而得帝位，所以害怕後世子孫重演兄弟相殘的慘劇。結果李淳風掐算出來，告訴唐太宗，大唐後面並不太平，要注意在你過世後，將有一個武姓女子要篡大唐帝位，要殺光李氏子孫，一定要防範此人。唐太宗一聽這還得了！而且李淳風掐算得知此人已經出生在世，唐太宗就下令把全國姓武的，從剛出生的小孩到大人全都殺掉，這是歷史上正史記載的真事。但是唐太宗對於當時最寵愛的妃子武媚娘，覺得單純善良的小姑娘不可能篡位殺人，於是心一軟沒捨得殺，但為了以防萬一，雖不殺也令她出家為尼。古人落髮出家基本上不可能再還俗，但太宗沒想到她在當尼姑之前已經和太子相好，太宗駕崩，高宗李治繼位後，立馬直奔寺廟把武媚娘接回宮中，之後武則天逐步篡權奪位，殺遍李氏子

孫。這是正史有記載的，唐太宗殺武姓之人，而後果真武姓之女篡奪帝位、殺其子孫。

類似這樣的例子，在中華歷史上比比皆是，這一類歷史傳說和這種類型的神人，只有中華才有。國外雖有一些所謂占卜師、巫師、巫婆，但跟中華的不是同一類，中華歷朝歷代的姜太公、老子、范蠡、張良、諸葛亮、袁天罡、李淳風、劉伯溫等人，都屬於系統的掌握了這套方法的人，不是大仙或附體。國外那些有特殊體質的大仙，生而能感知一些東西，但是時靈時不靈，就像諾查丹馬斯準確預測了很多事，但最終預測 1999 年人類大災難後人類滅絕，卻是預測錯了，我們還都活得好好的。因為他們並不是掌握了天地之間的運行規律，並據此運算預測，因此跟中華之占卜預測大不一樣。

華夏文明上古以來的高人神人，都是通達這一套天地人、星象、五行、七星、八卦、九宮的運算。其中還有層次的高低不同，多數是能算不能改，最厲害的是能算還能破。所以，袁天罡、李淳風會算能知，但是改變不了。然而也不一定是他們兩人的道行不夠，這其實涉及唐太宗本人的命和運，不是袁天罡和李淳風要改就能改，而是得唐太宗要改。唐太宗本人的心不想改，即使知道了，即使袁

李再神，也沒有用。

在此講的是《易經》的重要性，以及對我們中華民族的重大意義，它永遠指導著我們，永遠是高聳的燈塔、光芒萬丈，我們一定要重視。而我會一點點的引導大家學習《易經》，不能著急，再好的美食也要一口一口的吃，老祖宗的智慧體系博大精深，要學的太多了！到現在所講，還都是鋪陳，在轉變你的思維和觀念，一點一點打破和轉變你認為對的、你對經典的認識。不要著急，一步一步的走，現在已經開始講解經典了，但還沒到教如何立象、設卦、繫辭、變通、鼓舞的時候，首先要把基礎打穩了，鋪墊做好，今天先理解明白不應該怎麼學經典。

僅對於此，可能也是弟子傳承人才能理解，也許很多人已經看不懂我表達的意思，但這就是緣，有人一看即有興趣，有人一看就嗤之以鼻，還是認為專家教授一字一句解讀得更清楚。但關鍵不在於字面解讀，而在於能不能用、怎麼應用。這一段話是否能實用解讀，才是《易經》是否入門的關鍵。立象、設卦、繫辭……每一項都有具體的方法，想確認是否掌握了也很簡單，就看能不能跟寵物狗溝通，能知道牠是怎麼了即可驗證。這並非玩笑，而是能否做到，就代表是否正確掌握了方法。

聖人所授《易經》就是教我們方法。門口的老柳樹病了，能否知道為何？到了一個地方，幾天暴雨不停，能否跟風雲雷電溝通，別這麼繼續下雨了！很多人覺得這些是開玩笑，覺得不可能與動物植物、風雲雷電溝通，而這麼認為的人就是因為不知道何為繫辭。中華老祖宗就能真實做到，我們卻不相信，認為都是假的；一說到西方科學，反而拜服盡信，這就是中國人的悲哀。

然而，也不要把時間都浪費在背誦經典之上，要學真正能起用的真功夫。比如更加高深的事務，中美貿易戰如何制勝，北方俄羅斯如何制衡，新冠肺炎疫情的蔓延如何施治，孔子教我們的本就是這些真正實在要做的事業、要用的方法。真正要起用去做，其中也都有明確的規矩，正所謂不在其位，不謀其政。

雖然不知道現在還有多少人能掌握這些，但是我很清楚學習《易經》就是要學這些，要掌握這些。如果你現在還未遇明師，就證明福緣還不具足。但是要學習祖先大智慧，必須有明師引路，教你方法。如果我沒有遇到我的師父教給我，我也不知此理。我們在此探討的就是這個理，主題就是國學大智慧應該如何學習。所以大家有緣在此交流，能為大家指個方向而已，希望大家能有所受益。

第六章

經邦濟世儒學最圓滿

《易經》占卜聚合天地人

第一節

大修行者隱於朝
起修之處是家人

　　我們正在講解《易經》的預測學，也即是占卜的內容。講解到占卜的時候，就已經進入到經典講授之中，開始學習《易經》了。那占卜到底是不是迷信呢？我們遇到問題時，用占卜去問事，按照占卜的方法去做，得到的結果就一定會對嗎？歷史上有很多人相信了算卦，但決策過程非常荒謬，結果也不好，這到底是怎麼回事，我們到底應該如何看待這個問題呢？這個問題的確要講清楚。

　　聖人為什麼如此看重占卜？對《易經》的解讀、落地實用得最好的是孔聖人。他是怎麼看待《易經》是什麼書？我們前面已有提過，其實《易經》就是一本用於占卜的書。為什麼《易經》有那麼準確的、占卜的意義和作用，其實孔聖人在解讀《易經》的《十翼》中，用了很大的篇幅清楚講解，為什麼《易經》用作占卜，能夠準確的預測所有事情，其基本的道理是什麼。

　　上一章我們瞭解到，聖人平時都做什麼事，是怎麼學

習《易經》的。孔子學《易》十分刻苦，手不釋卷、廢寢忘食，到了五十五歲時終於開悟，一下理解了《易經》闡述的到底是什麼，就像修佛中所說「明心見性、大徹大悟」的感覺，即清楚知道了《易經》真正的意義和作用，以及要怎麼用。這是孔子在幾十年來不斷的實踐和驗證的情況下悟到的，所以他對《易經》的解讀、領悟、實踐和落地應用，才形成了博大精深的儒學體系，而且是一整套文化體系。後來，孔聖人把這套智慧體系教授出來，教了三千門徒，其中七十二賢人得到了他的真傳，廣開教化之門。

儒學教的是什麼？如果沒有通透的學習儒學，或者只學宋末以後至今的儒學，我們會認為儒學教的都是「仁義道德禮智信」，做君主要做仁君、做人要是君子，在內孝順父母、在外忠於家國；亦是教大家人倫道德，怎麼做好人、做善事。這是一般人所認為的，但其實不然，儒學體系真的是博大精深，漢唐宋元明清，出現了很多有名的大儒。其實，支撐中華整個社會朝代發展的中流砥柱，就是儒家的大儒們。這也是之所以大儒能夠成為各個朝代的國家砥柱，每個開創新朝的皇帝都重用大儒的重要原因。

皇帝身邊也有佛家或道家的高人，然而佛道之人功成名就之後不盡快離開的，基本都沒有好下場，尤其道家更

183

是如此。開國立業之時，道士下山救眾生於水火，但一般建功立業、功成名就之後，皇帝第一個就會忌憚除掉道家做軍師之人。但是自漢以後，大儒都是朝廷的砥柱、骨幹，研究歷代輔佐帝王的帝師，可以發現基本都是大儒，說明儒學體系才是真正經邦濟世之學，可不僅僅是導人向善、教人行善，讓人「仁義道德禮智信」啊！

　　向善方面，儒學再宣揚也不如佛學徹底，入佛門的都是善人，有各大戒律約束，儒學只是用經典感化人們。真正佛學大家、高僧大德，都是隱居山林，自我修行。而在現實中要做事、輔佐帝王建功立業的方面，佛、道都和儒學沒法比，而這種比較不是分別好與不好。佛即聖人，開了八萬四千法門，其中儒是一門、佛是一門、道是一門，兵家、醫學都各自一門，琴棋書畫茶都是一門，聖人開了這麼多教化之門，都是為了接引。有的人跟儒有緣，有的人跟道有緣，有的人跟佛有緣，有的人跟玄學有緣，有的人跟醫學有緣，是在接引各種不同類別的人。儒學對應的是什麼人呢？對應的是對家國、民族有大情懷，入世踐行的一批人。儒家不講究隱居山林，講究的是大隱隱於朝、學而優則仕，要走仕途、到帝王家，因為學的就是經邦濟世之學，是真正落地實用的大學問，是要用的。

儒學不是用打坐等自我修行的方法，儒學有自己一整套修行方法，用儒學這套修行方法修出來的大儒，真正的境界可不比佛、道來得低，甚至比佛、道修得更圓滿。有的人不認同，認為修佛、打坐、四禪八定、念佛念咒才是修行，而學儒學是在朝廷裡做官，在紅塵中翻滾，那都是世間法，而不是真正的修行。然而，六祖惠能在《六祖壇經》裡一再明確告訴我們，所有的修行不離世間，從未聽說過離開世間而能最終修成的。

自古有句話：「小隱隱於山，中隱隱於市，大隱隱於朝。」此話不一般，所說的是正理。你在山林野洞中、深山古廟裡連人都見不到，談何修行！修行不是靜靜打坐就能修成的，隱在深山老林裡是以修行的名義避世，而不是真正的修行！真正的大修行者必是入世修行，得在人群中修，人是群居動物，離開人修什麼！

真的通達了儒釋道就會清楚，無論佛、道、儒，只要談修行，第一起修處都是先將人與人之間的關係修通、修好。先修與父母的關係，再修與夫妻伴侶的關係，再修和子女的關係，再修與兄弟姊妹的關係，再修和同學、同事、朋友的關係，一直到修到與所有人的關係。佛道儒的起修處，全是落腳於這一點。

佛、道、儒都沒有從打坐開始修行的，打坐時間再長、坐得再直，那也只是助行。修行人不全都打坐嗎？是的，我也打坐，打坐並不是問題，但是不能把打坐當成修行，它是助行，這是兩回事。真正的起修處，若沒有明師指點，無論佛道儒都不得其門而入。天天打坐，念無數遍佛又能如何，佛並不是因為念他才來的。心不清淨，任何佛也不會來；心中還有怨恨、敵對、充滿嫉妒，念佛也不可能使心打開、使心包容，更無法讓心與宇宙同在。

　　六祖惠能在《六祖壇經・答疑品第三》裡所說，世人怎麼念佛都難成佛，還得是自己心淨，心清淨則佛不念自來，心不清淨天天念破喉嚨無用。修道也是，心不清淨，進入不了無為狀態，天天念太上老君、元始天尊，也不可能來。若心不淨、業障纏身，真正開天眼的人一眼就能看見你身體周圍都是障氣，黑煙黑氣。如果一個人的業障深重，內心的衝突、怨毒、怨恨、嫉妒、不滿很重，這個人身體外面就有一圈濃濃的黑煙黑氣緊緊纏繞，讓他身體不舒服、做事不順；而如果整個區域都是這樣的人，集體潛意識就會在現實中形成霧霾，天上就會出現肉眼可見的一片黑煙黑霧。

　　現在如果從美國坐飛機回中國，飛過太平洋快到中國

上空時，迎面會出現一道巨大的黑色霧牆，整個中國國內上空一片濃濃的黑煙黑氣，這是怎麼來的，以前講過，霧霾就是心霾。否則在疫情隔離期間，汽車不上路沒有廢氣，工廠停工不排廢氣，供暖早就將燃煤改成天然氣或電力了，怎麼還有那麼大的霧霾！到底怎麼來的？其實那就是所謂的妖氣，是每個人內心不祥和所起，僅僅表面上天天喊著和諧、包容，幾人真能做到內心和諧祥和！都是急躁、急功近利。修行究竟是從哪裡起修的，天天打坐就能不急功近利嗎？打坐之時心安那麼一會，下坐立馬被滾滾紅塵裹挾，其實心沒有任何變化。要記住，心不會因為打坐而發生變化，打坐不是修行的起修處，而只是助行。

吃齋、念佛、打坐、禁欲、做好事，都是在修福報、消業障，雖然也必需，但並不是修行的本體，這要清楚。儒釋道的起修處，一定是從人與人的關係開始起修。學佛，有很多諸如淨土宗、唯識宗、華嚴宗等各個宗派。其實，中土的佛學都歸於禪宗，包括了所有佛家的各個法門，是所有佛學修行之法的匯總、彙集。禪宗是中華獨有的特色，雖然最早來自古印度，但形成禪宗之時，就已經成為中華固有特色的「禪」文化，已經超越於宗教，是無神、不拜神的。

六祖惠能在唐朝中期的時候，開創禪宗一門，稱為中土佛法，亦即和印度佛法分開了。印度佛法分別由達摩傳心法，由唐玄奘取佛經精髓，一顯一密兩條路，其佛法精髓傳到中土，然後與中華之上古文明融合，其理念、觀念、修行方法，已經完全包容於中華上古文明體系之中，與道和儒完全融合不分家了，那時已經不是古印度流傳的那套佛法了。

　　印度信仰的是拜神的多神教、多神論，而中華的基本信仰是無神論，西方基督、猶太、伊斯蘭教是一神論。印度有 8400 萬種神，基本上所有事物都是神，一棵樹、一隻螞蟻都可能是神，太陽、月亮和所有的星星都是神，有一部電影《小蘿莉的猴神大叔（Bajrangi Bhaijaan）》，其中男主角將猴子當成神，見到猴子就跪拜祈求，印度是這樣的信仰。怎會跟中華的禪宗佛法一樣呢？

　　佛法本就是無神論，釋迦摩尼佛祖本自是人，一切人皆有佛性，佛就是徹悟、覺悟的人。所教的修行方法是，不要向外崇拜，而要向內去找，每個人都能覺悟、都能成佛，這是佛祖傳佛法、教眾生的本意所在。這套佛法與我們的儒學、道學有何區別，都是中華文明體系傳承的一部分，其實就是佛法到了中土以後恢復其佛祖本意，與中土

的華夏文明文化正是圓滿無礙的融合，所以佛法在中土才更加發揚光大！

而在古印度，佛法已經消亡一千年了，沒有人信佛了，現代印度人基本都信由本土婆羅門教發展形成的印度教，另外一部分人信伊斯蘭教。西元八世紀，印度被阿拉伯人侵略，學佛的人基本被殺，佛法就此衰落。加之本來佛教也不是印度主流，僅是一個偏支，阿拉伯用武力讓印度人信伊斯蘭教，便有一部分印度人轉變信仰，開始信奉伊斯蘭教，但另一部分印度人堅決不信伊斯蘭教，則信奉其本土印度教。因為信仰不同，印度民族分為兩派，相互敵對、劇烈衝突了幾百年，民族最終徹底分裂，信奉伊斯蘭教的印度人，向有伊斯蘭教大德的北方遷徙定居；信奉印度教的印度人往南部聚集。同一民族由於信仰不同，形成了明顯的地理分水嶺，二戰以後，北部信伊斯蘭教的人新建的國家叫做巴基斯坦，南部信印度教的還叫印度。一個民族現在徹底分裂為印巴兩個國家。

所以，為什麼我一再的講信仰、文明、文化！中華民族的凝聚力，就是在文化、文明和信仰上體現出來，民族要想統一，一定要在文化、文明和信仰上統一，才能是一個民族。信仰對凝聚力的影響比文明、文化更深，一旦信

仰有了分歧，民族必然分裂，而且永遠不可能再統一。正如印、巴兩國本來都是印度民族，現在無論再怎麼想，也絕對不可能實現合二為一了，就永遠分裂了。信仰要想改變並不容易，而一旦改變就會出現民族分裂，民族一旦分裂，整個民族的力量必然就削弱了。

我們中華民族是在同一個文化、文明體系下，在同一個信仰體系之下的。中華民族的三大基本信仰是「無神俱靈、敬天、法祖」。如果中華民族當中有一大批人信奉西方一神論，與我們的無神論就會發生根本上的衝突。西方的信仰體系不講究敬天和法祖，他們不認過往的祖宗，只是眼向前看，認為過往的都是落後的，不會想向祖先學習，沒有祭祀祭祖這些禮儀活動，也不回顧以前祖先是如何做的，眼睛都是向前看。這不是貶低西方或東方，在此只是探討文明、文化和信仰對我們的重要性，探討民族凝聚力的問題。

一個民族和國家要想強大，必須要有統一的凝聚力，必須在根本的信仰前提下凝聚，才會在文化、文明上沒有分歧，在思維模式、做事方法方面不會有分岐，才能統一，這才是一個民族。任何民族要想團結統一強大，第一件要防範的就是不能讓自己的信仰被外來信仰攻破。印度就是

典型實例。

同樣，現在的非洲已經沒有民族，只剩下種族。非洲已經被外族在武力入侵之後，將其原始信仰徹底抹滅，阿拉伯人侵入後讓他們信伊斯蘭教，歐洲人侵入後向他們傳基督教；雖然伊斯蘭教和基督教都是信仰一個上帝，沒有分歧，但是非洲原本古埃及的古老信仰就沒有了，其文明、文化，文字、語言整體一套體系全都沒有了，都改為西方的信仰，往後其思維模式、行為模式就都向西方看齊了，這就是信仰的力量，信仰什麼就會向什麼看齊。非洲沒有民族了，只能稱為黑人人種，是一個種族。種族也是同樣被尊重，但卻無法稱之為一個統一的民族了。

我們中華現在還是民族，當說到中華民族時，所有人都有情懷，因為我們有統一的信仰，在統一的信仰下又有統一的文明、文化體系。但是，這些都正在逐漸越來越淡化。中華民族的子孫自己已經不知道，我們的文明多麼寶貴，文化如何而來，我們的信仰體系多麼超前。我們的信仰超越了世界上的一切宗教，是最超前的信仰體系。我們對宇宙的認知、對宇宙真相的把握，對宇宙規律的掌握和運用，在幾千年前就已經非常熟練了，所以才會有漢唐的鼎盛，大宋、大明的繁華與文明，那時西方還沒開化，西

方是多麼的夢寐以求、多麼羨慕啊！

　　所以，我所講的這一套國學，是從民族性、民族凝聚力的角度和深度上講的，我非常希望現在的炎黃子孫，真正能拿起古籍，好好學習上古聖人遺留下來、教給我們的寶貴智慧，這才是中華民族再次崛起、再次復興的前提和根本。離開老祖宗的智慧，談復興和崛起是不現實的，這就是我講國學的用意所在。同時，我講授國學內容的意義所在，就是告訴大家，如果想把這套國學智慧學好，應該怎麼學。並非別人的方法不對，而是我要從我的角度告訴大家如何解讀經典，而不像別人一樣用講斷代史的方式，一段一段的給大家講歷史。

　　歷史是有根的，我們先把根講清楚，再把脈絡釐清，後面就能一點點進入到整個國學體系之中，就會越學越有興趣，也就知道如何開始學習了。因此，前面講了文字、語言、文言文體系，又講了祭祀，祭祀就是中華信仰當中，敬天與法祖的實際表現形式。祭祀延伸出我們的孝道文化，由孝道文化真正形成了一整套的禮儀、禮規、禮制。孝衍生出禮，禮衍生出規則、規矩，再發展才是人倫道德和秩序。中華每一個朝代能延續幾百年，就是以孝道文化為根基的。離開了孝道文化，中華民族的文明體系就無法落地。

難怪孝順父母那麼重要！父母代表的是我們的來處，是我們層層祖先的直接代表。儒學、佛學、道學，起修一定是從人與人的關係開始，所有的修行一定是先修人，而修人並不是僅僅修自己，不是自己一人獨修；自己打坐、念佛、念咒不叫修行，遠離人群永遠修不成。不要說你有多大的願，讓你能放棄自己的父母不管，去管天下人！一屋不掃，何以掃天下！自己的家破破爛爛不掃，卻去掃別人家，掃公共之所，合情理嗎？

　　真正的修行，不管說得多麼偉大、多麼高深的修行方法，哪怕被稱為佛菩薩，也一定得從自己的家起修！最開始是從父母妻兒起修，然後才是兄弟姊妹、親友同事。如果自己的家人關係都修不好，天天只知道打坐、念佛，不管家務也不陪孩子，說要自己修成佛後再度化家人，那都是胡扯！六祖惠能最痛恨這樣的人，在《六祖壇經》中反覆強調，真正的修行人一定是在世間修，六祖在《無相頌》中說：「離世覓菩提，恰如求兔角。」意思是離開世間想要修行有成，就像兔子頭上長角，是絕不可能的。

　　這就是中華的修行之道，儒學修行是我們中華非常好的修行體系，即修身、齊家、治國、平天下。修佛法也是從身和家開始起修，如果修佛法，不管父母，自己出家，

而口稱是為勞苦大眾而出家，誰會信啊！如果覺得歷史上有很多的高僧大德、偉大人物都是拋家捨業為修行，那只是你自己看到的一面而已。

當然，孝有小孝、中孝、大孝。孝道之中有大孝，但也一定是從小孝起步，這就是我們的孝道文化。修行為什麼一定要進山，一定要到廟裡才是修行？在自己家中，陪著父母不可以修行嗎？難道父母會影響你、障礙你修行？成了家，有老婆、孩子就不能修行了嗎？覺得老婆、孩子使你陷入紅塵滾滾、瑣事纏身，無暇打坐念佛，父母妻兒讓你牽掛，使你的心靜不下來嗎？ 實際上，起修處就在你身邊的父母妻兒，這些身邊最親的人就是你開始修的對象。

我們可以仰望星空，佛法、道法、儒學都有最高境界，我們可以救度眾生、甚至普渡眾生；但一定記住，我們不能因為仰望星空就飄到天上去了，一定要腳踏大地，再仰望星空，要記住腳千萬不能離地。地就是我們的父母、伴侶、孩子、兄弟姊妹、同學同事、朋友、員工，他們就是我們的大地。我仰望星空，在無限宇宙中獲得的智慧和能量，都是為了應用在腳踏的大地上。現在很多所謂的修行人，總想著要出家，看到父母、伴侶、孩子就恨，覺得他們耽誤了自己的修行，若沒有他們自己早就修成了，其實

這是大錯特錯的。

佛法、道法、儒學都一定是在人世間修，就修人與人之間的關係，越修人與人的關係越和順，越修越圓融無礙。人際關係圓融，做事就無礙，無礙就平安了，福就來了，這是修行的基礎。人都修不好，還想成神成菩薩，那是白日做夢！我們在解讀祖先智慧時，有些人總疑問在家如何修行，覺得天天被家務俗事纏身、照顧父母妻兒，就沒有時間再修行了啊……問題就在此，修行並不是每天打坐幾個小時、念佛幾個小時，而是怎麼能夠做到放下分別，把心安在當下，這才是真正要修的。

久病床前無孝子，而我能做到老母親多年臥床，依然能盡我之孝，而且不怨天不尤人，不認為照顧久病的母親耽誤、障礙了自己。那麼老母親就是我們的起修處，每天盡孝，照顧老母親，不去分別，不跟別人比較，活在當下，又能安於當下，這就是大修行！照顧母親十個小時比你打坐十小時強太多了，這才是真修行！修行一定是從人起修，先圓滿你的世間的各種人際關係，老婆、老公互相照顧不好，怨氣巨大，天天說上山找老師修行、修道，現實家中又打又鬧，甚至一說上山修行就鬧離婚，如此家都修不好，上了山也修不成什麼。

要上山修行，真正的明師一定會告訴你，回家把你的心安在家裡，女人的心、男人的心都安在家裡了，家庭、家族才能興旺，才能漸漸興盛起來！三十多年來，我做了大量的諮詢個案，把佛法、道法、儒學應用在現實中，解決人的實際困難和困惑。見到了很多夫妻感情不和，很多人對家庭不滿，總想要離婚的情況，一看他們的心基本上都不在家裡，都在外面飄著。如果心不在家裡，他的伴侶、孩子能不能感受到？是能感受到的，本人就算天天回家，但是心沒在家裡，一旦伴侶和孩子感受到了，就會覺得孤獨無助。

　　大多數夫妻關係不好的家庭，就能看到夫妻雙方的心都不在家裡，而孩子就會特別恐懼無助。哪怕父母天天下班接孩子回家，但因為孩子能感知到父母的心不在家，孩子就用自己的方式表達，或是生病、或是叛逆，嚴重了甚至會出現反社會行為。孩子透過生病等方式讓父母的心回家，請父母關注一下自己，或是透過摧殘自己、甚至表現極端的反社會行為呼喚父母：「你們的心回來吧，安在家裡吧。」我這三十年來，調整好、處理好許多要離婚的夫妻關係，只要把心調回來，安在家裡，馬上什麼事都沒有了，一家人好好的過日子。

做這個工作時間長了以後，真正會有一種喜悅，能感受到什麼叫積德。看著馬上要離婚的家庭，透過你應用儒學、佛法、道法的方法，一個個都重新幸福美滿，不是賺了多少錢的問題，而是真正感覺到法喜充滿。所以，做好這種工作，功德無量！

　　前面一直在說，想修行一定要找明師。但明師在哪兒？大家都往山上、廟裡想，其實不然，山上、廟裡沒有明師。如果是明師，還在廟裡，那他自己不也遠離紅塵了嗎！真正的大德一定是在朝廷。不要認為現在只要是當官的就沒有好人，全是貪官污吏、以權謀私、仗勢欺人，這都是社會最底層的怨恨，吃不到葡萄就說葡萄酸。當官之人不都是壞蛋，也不可能都是。其實現在中國當官的人，哪個不是菁英，政治人物就是社會的菁英層。這個問題應該好好看待，大德就在朝廷中，但是他做的事，你不一定能看懂，一般人用自己的視角看上面，基本上肯定看不透，所以不要輕易評價上層、高層。歷史上確實有奸臣，確實有為官不仁，甚至欺男霸女、壓迫百姓的，但畢竟是少數。大隱隱於朝，中隱隱於市，我們普通人再怎麼修，也不用對整個朝廷、國家負責，所以再怎麼修也是中隱，其實沒那麼大責任。

有些人認為明師就在深山的山洞裡，事實上山洞裡沒有明師。有人覺得這麼說太絕對了，那麼如果你跟隨的明師在山洞，你以後也進山洞嗎？師父在山洞中閉關修行五年才能出關，你拜師學習，也要去山洞閉關修五年嗎？山洞裡能學到什麼，學打坐、一天吃一粒米，這是修行嗎？天天只在肉體上修行，你的心靈、觀念、知見有變化嗎，智慧能流出嗎？其實心一點都不會變。當嫉妒心很強時，僅僅依靠打坐靜一下心，嫉妒心就會沒了嗎？

修行需要鏡子，誰是鏡子？父母妻兒就是我們的鏡子，敵人是我們的鏡子，身邊一切對我好或不好的人，都是我們的鏡子。為什麼現實中所遇到的人都在害你、罵你、不待見你、欺負你、騙你，怎麼就對你不信任？這些都是你的起修處，我們之外沒有別人，你所見的所有人全是你自己的某一面，也即是你自己的一個人格。

我在這裡先直接把結論說出來，但是僅說出結論來，你理解不了：「那些害我的人最壞了，我都恨死了，怎麼可能是我自己的人格！」在此告訴你，那些壞人就是你自己！這些內容要詳細講，是一整套體系，現在先講起修處。如何起修，即從人際關係起修，細講這裡面有很多很深的理。為什麼外面見到所有的人，跟別人沒關係，都是你自

己？有機會，可以讀我的系列書籍《明公啟示錄：解密禪宗心法——從《六祖壇經》行由品談起》，裡面談的都是這套修行的體系，有詳細講解的修行之理。

第二節
圓滿儒學孝道落地
《易經》起修占卜起用

其實有緣在此多講一些，因為我知道喜歡本書的朋友，基本都是對歷史、國學、修行比較感興趣的。中華主流的文化是佛道儒，尤其儒學體系是中華的脊樑，不僅是因為這套文化體系奠定了中華的文明文化基礎，還是因為自漢以來，一直到民國時期，每個朝代的運行，都是以儒家子弟、大儒學者為中流砥柱；撥亂反正、復興中華的骨幹力量，都是儒學之大儒。

典型例子就是清朝末年，太平天國運動致使生靈塗炭，而平定太平天國的也是清末的儒學泰斗曾國藩。曾國藩之前並沒打過仗，為什麼能平定太平天國呢？中國歷史上也有很多英雄都是滿腹經綸，不曾上過戰場，直接就帶兵打仗、驅除韃虜，這只有大儒才能做到。明朝心學的開創者王陽明，也是典型大儒帶兵平叛、用兵如神的代表。

別看歷史上的張良、諸葛亮、袁天罡、劉伯溫、姜子牙等都是道家代表人物，實際上這樣的道家治亂的人物只

有這麼幾位，隨口就能數出來。然而，歷史長河中，從西周、春秋戰國、漢以後，真正維持朝代的中流砥柱和骨幹力量，並不是道家人物，都是儒學的大儒們。每朝每代都有無數的大儒經邦濟世，維持朝代運行，教化眾生、能文能武。千萬不要小看儒學！現代中國廢除尊孔、廢除經典、打倒儒學，這是文化上最大的災難、最大的錯誤！現在開始，我們更要好好的去認識儒學，不能把它當成封建、腐朽、虛空、迷信！

儒學要想起修，一定得從《易經》起修，不僅所有儒學經典以《易經》為首，《易經》更是萬經之首，如果《易經》學不明白，後面再學其他的經典都沒有用、沒有意義。比如《孝經》、《論語》當中的字都認識，可以自己讀，但事實上認識字也沒用，不通《易》肯定讀不懂。因為所有的經典全都源起於《易》。到底應該怎麼學《易》，如何能學通學明白，從哪裡開始起學？是從孝開始，從孝敬父母開始學？孝並不是起學，孝是指你在現實、實踐中把儒學用好，用的方面一定要從孝開始。但是，如果想能用好，首先得有智慧，否則怎麼做到孝？所以，古之大孝者都要為父母學醫、通醫，通醫不但可以療癒父母，而且還可以治癒別人，如果所在地區有大瘟疫，一樣可以施治。

古時學醫可不像現在的醫學院學習，把易學好了，自然就通醫了。易和醫的關係極深，比如《黃帝內經》也是把《易經》學好了之後再學，因為《黃帝內經》也是從《易經》基礎上延伸出去的支脈。喜歡兵法戰略，《孫子兵法》倒背如流是不是就可以成為戰略高手？這可不是！如果不通《易》，《孫子兵法》背得再熟練也不懂如何用。如果不通《易》，你讀的《孫子兵法》就是紙上談兵，講起來滔滔不絕，在現實中卻一用就錯，你敢帶領千軍萬馬？講得頭頭是道，背得滔滔不絕，就是戰略家嗎？若不通《易》，都是紙上談兵。

法家的帝王學《韓非子》也一樣，不通《易》就別想學明白中華帝王學。《韓非子》寫的全是陰陽、五行生克；兵法對應戰略，更是陰陽五行、八卦九宮，如果不懂《易》，根本看不懂那些經典寫什麼，遑論排兵布陣！「運籌帷幄之中，決勝千里之外」是真實存在的，但能理解是什麼意思嗎，知道如何做到嗎？諸葛亮可不是熟背兵書，他是能掐會算。僅靠紙上的兵法理論，到戰場上立刻全懵，連安營紮寨都不會，因為你不知道當晚會發生什麼：高處避雨怕起大風，低處躲風怕下暴雨，平地又怕會被包圍，別以為兵法上寫了地形、陽處陰處等等，就能按書上寫的來做，

其實你什麼也不懂，那兵法怎麼用，營寨怎麼安！

千千萬萬生命掌握在你手中，不掌握天文地理大智慧，則一做決策就是錯。如何才可以能掐會算？必是上知天文、下曉地理，中通人事。天文地理，就是我們中華的陰陽五行、奇門遁甲、太乙神數，都是老祖宗真正的大智慧。而儒學就是真正的在學陰陽、三才、四象、五行、六合、七星、八卦、九宮。

看到「上知天文、下曉地理」，很多人就想到路邊算卦的招牌。然而好好想想這兩句話，真正掌握這些智慧內容的人，會在路邊擺攤算卦嗎？那是江湖術士借用這兩句話的名義。真正通達「天文地理人事」之人，在朝廷裡是有大用的。所謂「學而優而仕」，只會背經典並不叫優，瞭解的歷史典故多也不叫優，掌握真才實學、真功夫的人，對國家民族方有大用，方可稱為優。

掌握真功夫之人也有可能就在山裡教學生，因為他不一定想要高官厚祿，但可以傳於有緣人，讓弟子下山建立功業。如鬼谷子、陶弘景這一類山中宰相，現實中不要功名利祿，也不想操心受難，就潛心培養弟子。而鬼谷子的弟子並沒有繼續留在山中，都是直接下山得到各國重用，因為他們真正掌握了天文地理人事，即陰陽五行八卦這些

真才實學，一算天象就清楚，一看地形就知道在哪兒安營紮寨！一看對手就瞭解其斤兩，正所謂行家伸伸手便知有沒有，一眼就能看出來。比如已經掐算出今晚有暴雨，看到對方安營紮寨在山下，無異於自尋死路，一看就是不懂真功夫、只知按兵書所寫行事，看透對方將領必是紙上談兵之輩。心中有數後，安排自己的隊伍上山紮寨，躲過暴雨山洪，做好準備明日一早發起衝鋒，殺他個片甲不留。當晚暴雨下過，將對方營寨沖毀，次日一早不用派多少兵便可取得勝利，洪水已將對方衝垮了。

在古代，這種情況多不勝數，不是傳說，都是事實；不是所謂封建迷信，而是如果對於不懂之人，想都不敢想。這就是我們要學的真正的儒學。別以為學儒學就是背誦經典、嚼文咬字、之乎者也，讓你看起來有文化素養，那就太貶低儒學了。真正的儒學必是在掌握真功夫的人手中，大儒者必是神醫和最優秀的將帥，歷史上的實例有很多。

宋朝以後，基本都用文臣領兵。因為宋朝重文輕武，害怕武將造反，所以起用狀元、舉人等文臣統帥三軍，例如岳飛是典型的舉人領兵上馬抗金。那時金的國力很強，而大宋武力並不比漢唐弱，為什麼北宋被打得那麼慘、南宋還滅亡？其實並不是咱們不努力，而是敵人太強大。大

宋生不逢時，碰上了金和蒙古成吉思汗兩個世界級的霸王力量，兩宋跟這兩家打了多少年，其中蒙古打南宋最是激烈、艱苦爭戰六十五年才攻下南宋。當時成吉思汗帶領的蒙元是何等強大的兵力，所向披靡，幾年攻下俄羅斯，輕鬆橫掃歐洲，結果蒙古的皇帝蒙哥卻死在南宋手中。南宋都是文臣，依然厲害得很，三軍大元帥一般都特別雄壯粗獷，而岳飛一身白袍銀甲出戰抗金，跨上白馬，手舉長槍，先來一首《滿江紅》：怒髮衝冠……

歷史即是如此，大宋以後的將領，全是儒生出戰，但一點不比武將弱！之後的王陽明、曾國藩，全是大儒，然而個個都是能文能武、能掐會算。儒將之所以能百戰百勝，不僅是武力高強、智力聰明，學儒之人必要通陰陽之道，懂三才、四象、五行的規律，知道八卦怎麼用，能掐會算，透過星占、星象能看出現實中發生什麼，透過演算能看出氣候變化，甚至高明至諸葛亮之程度，能夠調整氣候變化。不要認為這是迷信，其實歷史上比比皆是，只是現在失傳了，看不見了，甚至斷絕了。

曾國藩是否能掐會算？看看他的傳記就知道。曾國藩著有一本識人之書《冰鑑》，講述透過面相識人，知道一個人一生的命運，知道他適合做什麼、官做多大、最終怎

麼死的。曾國藩剿滅太平天國時如何用人，都是弟子和同鄉招募鄉勇，還有很多他學生的學生，雖有信任關係但卻並不認識的人，他們想跟隨曾國藩抗擊太平天國，就會經引薦前來拜見。而曾國藩見人的方式很特別，坐在那裡一句話都不說，就靜靜打量來人的臉。見一品重臣一面不容易，卻沒有一句客套，只是打量得來人毛骨悚然，一看至少半小時，甚至一、兩個小時。看完以後他依然不說話，把茶杯一端，就送客了。來人心中忐忑啊，一句話都沒說，這場面試合格沒有啊？

曾國藩有一個分格櫥櫃，專門存放人事檔案，拜見的人走後，他拿出紙筆來寫上這個人的名字、出身、一生命運，適合做文臣還是武將，性格秉性、未來結局，都一一寫下來。比如：此人某某，忠義之士，官至二品將軍，必戰死沙場；或某某某，官至巡撫，可得善終。到後來，曾國藩所寫的這些識人檔案訊息與那些人的結局對應，基本全都吻合。否則，那時太平天國勢力多大，朝廷軍隊屢攻不克，曾國藩臨時自行招募的湘軍卻能克敵制勝，為何？就是因為他識人用人厲害得很。

然而，曾國藩是如何看出來這些人的命運呢？其實就是在面相之中藏著五行，陰陽五行八卦相通，這些通了，

首先一定能識人，然後一定能看病。歷史上的神醫也都是大儒，民間神醫都是儒學高手。也許有人會想，這有點誇大其辭了吧，儒學真那麼神奇，那近兩百年中華至於這樣落後挨打嗎？且不論這兩百年的緣由，只需想一想兩百年前，中華何以輝煌了兩千年，必有其道理！而這兩千年，中華文化就是以儒學為主體。

佛道在民間，不能登大雅之堂，真正的國師、高官、文臣武將都是大儒出身。因此，恢復中華傳統文化一定是從儒學恢復，任何一門都替代不了儒學。不可能從佛學上恢復，讓所有人信佛，念著阿彌陀佛衝鋒陷陣、建功立業。佛法是在盛世時用的，佛法興盛讓人少欲、不縱欲，盛世之時生活好，飽暖思淫欲，而佛法有戒律，可以讓人克制自己，所以盛世崇佛；道法則用於亂世之時，道士下山治亂。但是不管盛世是還是亂世，都要有平時的治理，此時都是儒學經邦濟世，進行平時治理，使得國泰民安。中華之復興，哪一天真正開始弘揚、大興儒學的時候，中華文化即將真正開始復興了，要實際的弘揚而不是口頭的宣揚，華夏文明和中華文化才真的能見到復興之光。其他諸如法家、墨家、醫家都不能帶領中華文明實現復興，沒有能夠代替儒學的。

真正學儒之人，一身浩然正氣，通天地、通陰陽、通五行、會用八卦，這才是真正儒學之所學，講究的就是經邦濟世。如何起修儒學，《易經》；如何起學《易經》，占卜。要想打開《易經》這扇大門，從哪裡始入？就是占卜。孔聖人當年就是這麼打開《易經》大門的。很多人可能覺得，學儒學得從《大學》、《中庸》開始，再從儒學五經、十三經逐步學習。那是錯的，真正學習儒學，一定從《易經》開始。學好了《易經》以後，才能讀懂儒學五經以及十三經，才會懂得應用兵法、醫術、帝王學。要記住，只是學不行，一定還得會用。

　　那麼，學習道和佛就不能用嗎？告訴大家，佛法和道法當中的理和術，在現實中無法很好的直接應用，都不如儒學圓滿。儒學有一整套的陰陽、三才、四象、五行、六合、七星、八卦、九宮的規律體系，這套體系是最基礎的，必須學好，用都是在這套體系中用。道家沒有一整套完整的體系，一部《道德經》直接看根本看不懂，雖然有高度和境界，但並沒教你具體的應用方法和規律。佛經全是由梵文翻譯而來，更加看不懂了，也都不成體系，難以應用！

　　我們現在講的是經邦濟世之道，是現實中能應用的。而真正最成體系的就是儒學。儒家孔子被尊稱為中華的聖

人，而道家老子、禪宗六祖惠能都並未稱聖。中華文明之三聖人：遠古聖人伏羲氏、中古聖人周文王、近古聖人孔子，孔子之後無聖人。為什麼孔子被稱為聖人，因為孔子最圓滿。講解這些理，是為一步一步將大家帶進我們的經典、文化的大門，這才是本書真正意義所在！

如我一再強調的，天天知乎者也的背經典，是沒有用的。你得學會其中的真東西，就是陰陽的定律、三才的應用、四象能生輝、五行能歸位、六合是什麼、星象如何觀，這些得清楚。也就是說，真正上知天文、下曉地理、中通人事，這樣在現實中無論為官、經商、帶兵打仗、發展事業，做什麼事都能先知先覺，超前一步，預知結果，這樣怎能不成功！中華民族自古以來，這樣的人不勝枚舉，只是掌握這套體系的程度不同而已，有的掌握得很高深，像諸葛亮；有的僅僅掌握一方面，像中醫方面的李時珍、張仲景。

在這方面，西方無法和中華相比。西方僅是信仰上帝，沒有一個系統的體系瞭解宇宙自然的真相，直到現在有了宏觀經典物理學和微觀量子物理學，才開始研究宇宙自然的規律，但還是在物體事物的表面上研究。宏觀物理學在表面越研究越龐大，微觀物理學在表面越研究越細微，但

都離不開事物的表面。如此研究，一點一點掌握宇宙自然的規律，太慢了！直到目前，西方所掌握的、得出的結論也還僅僅是在皮毛之上，而在幾千年前，中華老祖宗早已把一整套的體系都呈現出來了，咒語是如何起作用的，經絡、穴位存在不存在，西方還都不知道呢。因此，西方在這方面和中華根本難以匹敵。

第三節

中華數術占卜通天道
吉無不利天地人相合

　　學《易經》，占卜是入門。占卜方式，前面講過有幾種：商朝之前由通靈之人作「人占」，商時用龜殼作「卜占」，周時用蓍草作「莁占」，還有透過夢境作「夢占」，透過星象對應地上之事作「星占」。到後面，又發展出來了梅花易數的最高境界「隨口占」。孔子在《十翼》裡面教我們的，是在上古的占卜方法中選擇了莁占，蓍草為什麼神奇、靈驗，之前我們講過了。在孔子的時期，無論孔子出生的曲阜，還是周文王被囚的羑里都生長著蓍草，於是他們就近用蓍草之桿做成了占卜工具。

　　在《易經・繫辭傳》中，孔子也記錄了莁占法，並教授了我們具體的做法，在此大概講一下。占卜涉及中華數術學，我們的祖先有一整套完善的數學體系，現代人運用工具都算不明白的宇宙規律，中華幾千年前的祖先，就已經能夠非常精確的計算。數術和宇宙規律的關係，就是宇宙的運行規律，完全可以用數學、數字完美的表現出來。

西方的數學也非常厲害、非常重要，無論學經濟、金融、物理、計算機，都需要數學，各個領域都有各種數學公式作為運算基礎。

我們現在講一下，中華《易經》教我們的筮占法怎麼占卜，《繫辭傳》原文：

【天一地二，天三地四，天五地六，天七地八，天九地十，天數五，地數五，五位相得而各有合。天數二十有五，地數三十。凡天地之數五十有五，此所以成變化而行鬼神也。大衍之數五十，其用四十有九。分而為二以象兩，掛一以象三，揲之以四以象四時，歸奇於扐以象閏。五歲再閏，故再扐而後掛。】

首先，「天一地二，天三地四，天五地六，天七地八，天九地十，天數五，地數五，五位相得而各有合。天數二十有五，地數三十。凡天地之數五十有五，此所以成變化而行鬼神也。」這麼多「天地」，能看懂嗎？如果天地都還不懂，就不要開始學《易經》。但自己看不懂，又想學怎麼辦？那就得找師父求學。在書中，僅能講一點後面的具體操作之法。

「大衍之數五十」，衍是延伸、繁衍；五十是宇宙中

最基本的數、最核心的數，一切的數都從這兒發起，從此而來。在占卜之中，五十即是無極的狀態，一片混沌的狀態。要準備五十根蓍草桿，代表五十即無極。

而後「其用四十有九」，分出一根代表太極，這一根放在一旁即是觀察者，即無極生太極，還有四十九根。

「分而為二以象兩」，兩為兩儀，即太極生兩儀，把剩餘的四十九根蓍草桿，隨機分為兩分代表兩儀，兩儀即陰陽，也代表天地。

「掛一以象三」，再隨意選出一根，夾在左手的小指和無名指中間，選出的這一根即「以象三」，代表人，如此天地人三才俱全。

「揲之以四以象四時」，把左側的蓍草桿用左手拿起，用右手分成每四根為一組放下，不斷分下去，最後看所剩不足四根分不了時，左手中還剩幾根的餘數，不外乎一二三四，放在檯面上；再用右手拿起右側的蓍草桿，用左手分每四根一組放下，最後再分出右手中剩餘的餘數。

「歸奇於扐（le）以象閏」，當你分出餘數的總數是四和五，就是奇數；八和九，就是偶數。

「五歲再閏，故再扐而後掛」，經過左側、右側的操

作，每做一個步驟是一營，四營成一變，一個變卦就出來了，卦的一個爻也就出來了。一卦六爻，三變而成一爻，十有八變而成六爻，這樣一個卦就出來了。

這就是最古老蓍草的衍法，即大衍的占卜方法。這是孔子親自教我們的方法，要想學《易經》必須先把這一段研究清楚，得知道具體怎麼做，還不能做錯。如果這都做不明白，那前面的天地數術更多，如何能理解啊。

而且這一段如果不懂，也無法繼續學，《易》就是占卜，其他講的全是道理，而《易》是在教你方法。得把這一套方法學會，天天不斷的占卜，各種卦出來了，爻變也不斷往外出。形成卦了，然後根據爻變，從每一個變瞭解事物的發展規律，當測任何一件事、一個項目時，有本卦，後有變卦，不斷的在變，幾個變就能看出中間的發展和最終結果是什麼樣子，訊息就都能知道了。

有人覺得這是迷信，不相信，也不能學習用算卦做指導。還有這種感覺是因為你還真的不明白，在此跟大家明確，必須要學會上面的方法，而且一定要按照孔子親自教的方法學，千萬不要發明創造；把這套東西學會以後，還要專心的不斷練習，這就是前面所講的孔子天天做的事：「君子居則觀其象而玩其辭焉，動則觀其變而玩其占。」

孔子就是每天用蓍草桿占卜各種事。

國家、個人的命運，一段婚姻、一個事業項目，任何事透過這種方法都能占卜出來，且要去研究互相對應的卦與辭到底提示什麼訊息；其呈現的象是什麼象，卦辭呈現的訊息為何，跟我現實中的事如何對應。孔子就是這樣天天研究，研究了幾十年才一下大徹大悟了，才將《易經》一下通透了。

《易經》就是這樣從練習中學習，天天不斷擺蓍草、占卜具體的事，然後跟卦象和卦辭相對，每次爻變是怎麼變的，其變化的過程是什麼。這是真功夫，必須有明師教，不然無論看還是用就都是懵的，或者方法掌握得不對、用不對，或者即使方法對了，卦出來了卻根本看不懂。要想看懂卦象、卦辭，就必須把《易經》中的字和詞的意思都學懂，天天練習占卜、占卦，無形中就把中華的文字學習了，把文言文體系學習了，對整套古文系統就能通達了。如果能把《易經》中占卜的方法都學會了，這就是「上通天」。

那麼，是否學了這套方法，任何事都是先占卜，然後一定按占卜的訊息去做？還不是！這就是所謂「盡信書不如無書」，占卜得到的訊息也不能完全盲目就去相信。因

為占卜呈現給我們的，是頭腦想像不出來的訊息，以及眼睛視覺看不到的、耳朵聽覺聽不到的幽冥處的訊息。

比如，一個事業項目能不能成有三方面因素，一方面是有沒有不可抗力因素，這是幽冥處的天道，是人不知道、分析不到的訊息，是決定項目成與敗的重要訊息；第二方面，就是我能看到、聽到、想到、分析到的訊息；第三方面，就是我的判斷力和決策力。我看不到的、我能看到的、我個人的決策，這三方面因素就是天地人。

幽冥處發生的、我看不到的訊息，透過卦就能呈現出來，這是天之道；我能眼見的、能分析出來的、現實能查到的訊息，是地之規，我將天之道、地之規這兩方面訊息聚合在一起，再用人的思維模式判斷、分析、推理、決策，最後做決策的一定是人。所以要記住，占卜出來的訊息，只是天地人當中的一部分。我見不到的、幽冥處的信息，可以通過占卜得到，這是天的信息；然後還要具體再分析當下這個項目能不能做，這個人能不能合作，有沒有現實的風險，這是地的信息；把天的信息和地的信息合起來，人根據這些再去作判斷、最後決定做還是不做，怎麼做。這就是天地人，最後決定還是在人。

這就是為什麼，占卜得到的訊息也不能盡信。如果卦

上一顯示「吉」，你就直接去做了，就算現實中看到的完全不是那麼回事，你也去做，這樣是不可以的。天地人必須相合，天時地利人和，三者合起來才能去做。而現代人現在做事為什麼往往失敗呢？因為我們現在就只注重地的訊息，根據自己能見到的、分析得到的信息，就直接做決策了，根本沒有天的這部分訊息。所以我們現在找不著天了，也就是幽冥處發生的事我們掌握不了，甚至根本不知道還有幽冥處會發生這些事。

在決策時，好像覺得這個項目怎麼做都能賺錢，於是就投資進去，不料新冠肺炎疫情來了，全面停工、合作工廠破產，項目就賠了。這種發展情況你根本想不到，因為你掌握的信息是地之規，而將會發生疫情這一類是屬於天之道，不知道幽冥處發生的事，所以決策大半都是錯的。

有的項目，覺得因為有市長做強力的後盾，肯定沒有問題，結果剛投進去，市長就被抓了，新來的市長又不認前任的事，幾億資金就打水漂了……類似這種事情太多了。而市長被抓是評估項目時人力不可控的因素，而這種人力控制不了的，就叫天道。必須掌握天道，而且有掌握天道的方法，然後再鍛煉現實中的邏輯、推理、分析、判斷、決策能力。天地人必須相合，都得做到位，才真的敢於對

一個項目決策說：「沒問題，做！」

　　這是古人的方法，任何事不離天地人。然而現代人已經不知天了，只知道地和人，天天加強分析力。關鍵是，僅加強分析力有何用，新冠肺炎疫情的出現誰能分析到呢？一旦合作的工廠位於武漢，即使分析力再強、決策力再強又有什麼用！

　　也許上學時班上最不愛說話的那個同學，長大以後是最有出息的；大家都不看好，甚至都欺負的同學，進入職場後反而最有成就，真的都有可能。然而，你為什麼看不透呢？就是因為你不懂天道。又比如找伴侶的時候，有五個人追你，如何選擇跟哪一個交往，進而結婚成為伴侶？藉著分析五個人的人品、顏值、口才、潛力做了決定，結婚多年以後，發展的情況還會是你最早分析的樣子嗎？多少人後來悔得腸子都青了。因為只知道用自己的左腦分析、相信自己眼前見到的，然後直接做決策，最終後悔不迭！

　　其實人的一生都在突變。事物的發展不是單一延續的過程，並非像進化論所說的那樣邏輯進化而來，整個宇宙發展都不是這樣的，而是跳躍式的發展，包括人的出現也是跳躍式的。學會占卜的方法，在選擇結婚對象的時候，占卜一擺，天道的訊息呈現，這五個人的命運如何，你就

能看出來了，這就叫數術。

中華古人用的是一整套完整的數術學。準確到你的姓名，每個階段的命運、婚姻，都能看得清清楚楚。如果還有人認為這是迷信，那自古以來假的東西為什麼會一直存在呢？這套體系學精了以後，古時都是用在行軍打仗上，如果你沒有真功夫，像江湖術士一樣假借名義行騙，千軍萬馬豈不都毀在你的手上了，那你還能活嗎？所以，誰敢作假！

真正所學的都是真功夫，所以我們要學，更要從經典當中學，一定記住：「信而好古，述而不作。」不要自己發明創造，不要在其他的書上學，一想學國學就買很多各式各樣的書，千萬不要！只從最正宗的經典中學，外面市面上的那些占卜、算卦、講解《周易》的書，基本都是假的。我們在此所講的，都是孔聖人親自寫在經典中的，真傳沒有那麼多，就那麼一點，但是你學會了就能用，用了就有效。

卷尾寄語

　　非常希望現在的炎黃子孫，真正拿起古籍，學習中華上古聖人的寶貴智慧，這是中華民族崛起、復興的根本，是我立書講授國學的用意所在。歷史文化是有根的，我們要把根尋到，把脈絡理清。

　　儒學體系是我中華的脊樑，經邦濟世，教化眾生！歷史長河中，撥亂反正、維持治理的中流砥柱和骨幹力量，皆為儒學大儒。我們要好好的認識儒學！學儒之人浩然正氣，通天地、通陰陽、通五行、會用八卦。孝道文化是儒學落地實用的開始；而儒學須從《易經》起修。

　　《易經》是萬經之首，所有的經典全都源於《易》。而打開進入《易經》大門的鑰匙和入口，是占卜。中華占卜預測學，是上古神授的，掌握宇宙自然規律、掌握人的發展規律、掌握自己命運的智慧和方法。我們現在找不著天了，《易經》占卜即是上通天，天地人必須相合方得成功。

　　拿起上古經典，信而好古，述而不作。秉承民族信仰、祭祀孝禮，使中華儒學真正恢復大興，才能重新撐起中華

的脊樑，真正實現中華文明的復興，實現中華民族的崛起。

明公啟示錄

解密中華文明真相（三）：尋根中華文明之占卜之用

作　　　者／范明公
出 版 贊 助／全竞
主　　　編／張閔
文 字 整 理／龔麗娜

美 術 編 輯／申朗創意
責 任 編 輯／武子芹
企畫選書人／賈俊國

總 編 輯／賈俊國
副 總 編 輯／蘇士尹
編　　　輯／高懿萩
行 銷 企 畫／張莉滎・蕭羽猜

發 行 人／何飛鵬
法 律 顧 問／元禾法律事務所王子文律師
出　　　版／布克文化出版事業部
　　　　　　台北市中山區民生東路二段 141 號 8 樓
　　　　　　電話：(02)2500-7008　傳真：(02)2502-7676
　　　　　　Email：sbooker.service@cite.com.tw
發　　　行／英屬蓋曼群島商家庭傳媒股份有限公司城邦分公司
　　　　　　台北市中山區民生東路二段 141 號 2 樓
　　　　　　書虫客服服務專線：(02)2500-7718；2500-7719
　　　　　　24 小時傳真專線：(02)2500-1990；2500-1991
　　　　　　劃撥帳號：19863813；戶名：書虫股份有限公司
　　　　　　讀者服務信箱：service@readingclub.com.tw
香港發行所／城邦（香港）出版集團有限公司
　　　　　　香港灣仔駱克道 193 號東超商業中心 1 樓
　　　　　　電話：+852-2508-6231　　傳真：+852-2578-9337
　　　　　　Email：hkcite@biznetvigator.com
馬新發行所／城邦（馬新）出版集團 Cité (M) Sdn. Bhd.
　　　　　　41, Jalan Radin Anum, Bandar Baru Sri Petaling,
　　　　　　57000 Kuala Lumpur, Malaysia
　　　　　　電話：+603- 9057-8822　　傳真：+603- 9057-6622
　　　　　　Email：cite@cite.com.my
印　　　刷／韋懋實業有限公司
初　　　版／2021 年 2 月
售　　　價／300 元
I S B N／978-986-5568-15-3

城邦讀書花園　布克文化
www.cite.com.tw　www.sbooker.com.tw